Unser Klima

Wie es sich verändert und was du tun kannst

Text von Birgit Kuhn
Illustrationen von Lisa Apfelbacher

circon

Text: Birgit Kuhn
Illustrationen: Lisa Apfelbacher
Illustrationen Affe, Welt: Martina Lengers
Redaktion: Lea Schmid
Fachredaktion: Lars Wilker
Produktion: Ute Hausleiter
Abbildungen: siehe Bildnachweis S. 110
Titelabbildungen: Lisa Apfelbacher (Illustrationen); AdobeStock.com: Petrova-Apostolova (Doodles);
shutterstock.com: Elenamiv (Hintergrund), calvindexter (Erdkugel), rassco (Doodles);
Martina Lengers (Illustrationen Affe, Welt)
Gestaltung und Umschlaggestaltung: FSM Premedia GmbH & Co. KG

ISBN 978-3-8174-2955-4
381742955/1

Besuchen Sie uns auf Instagram und Facebook: circonverlag

www.circonverlag.de

Inhaltsverzeichnis

Vorwort

Klimaschutz geht uns alle an!

Überschwemmungen, Dürre, Stürme, Waldbrände – diese Naturextreme sind die schlimmen Folgen des Klimawandels, der das Leben von uns Menschen, von Tieren und Pflanzen stark beeinträchtigt. Aber was sind die Auslöser davon und was haben wir Menschen damit zu tun? Damit beschäftigt sich dieses Buch in den ersten drei Kapiteln.

Außerdem erfährst du, was derzeit in der nationalen und internationalen Politik getan wird und für die Zukunft geplant ist, um das Klima zu retten.

Natürlich zeigen wir dir auch, wie du selbst, deine Freunde und deine Familie aktiv werden könnt. Das ist meist gar nicht schwer und macht gemeinsam Spaß!

Liebe Menschenkinder!

Ich möchte euch als Vertreter einer bedrohten Tierart durch dieses Buch führen. Der Klimawandel und seine Folgen setzen mir und meinen Schimpansenfreunden nämlich ganz schön zu! Auch für viele andere Tier- und Pflanzenarten ist die Situation brenzlig. Die gute Nachricht lautet: Ihr Menschen könnt etwas gegen die Klimaerhitzung tun, los geht's!

Das Klima

auf der Erde

Über den Klimawandel kannst du derzeit
überall etwas in den Medien hören oder lesen.
Aber was ist das eigentlich, das Klima?
Dieser Frage geht das folgende
Kapitel auf den
Grund.

Ganz schön heiß hier!

Hattest du schöne Sommerferien? Im Sommer ist es abends lange hell, meistens scheint die Sonne und es ist warm, sehr warm ... 30 Grad, 32 Grad, 35 Grad, manchmal sogar über 40 Grad! Da hilft oft nur noch ein großes Eis! Lecker!

„Ganz schön heiß hier!", so heißt es immer wieder im Juli und August, den wärmsten Monaten im Jahr. Vielen kommt es so vor, als würde es im Sommer von Jahr zu Jahr wärmer werden. Da ist viel Wahres dran: Am 25. Juli 2019 war es in der Stadt Lingen im Emsland in der Nähe der Nordseeküste so heiß wie noch nie irgendwo zuvor in Deutschland! 41,2 Grad – das ist Hitzerekord! Doch nicht nur in Lingen schwitzten die Leute an diesem Tag: Auch an mehr als 20 weiteren Wettermessstationen in Deutschland zeigten die Thermometer mehr als 40 Grad an!

Ist das der Klimawandel? Anerkannte Forscher sagen: „Ja, das Klima ändert sich, es wandelt sich!" Doch was heißt das genau? Und warum ändert sich das Klima? Was passiert da genau? Was ist schlimm am Klimawandel? Warum haben so viele Menschen Angst, wenn sie an die Zukunft denken? Können wir etwas gegen den Klimawandel tun? Was kann ich, was können wir alle machen? Fragen über Fragen, zu denen dir dieses Buch einige Antworten und Anregungen geben möchte!

Das Wetter macht das Klima

Mal regnet es, es ist kalt und windstill. Mal scheint die Sonne, es ist warm und der Wind weht leicht. So ist das Wetter. Das Wetter ändert sich, manchmal von Tag zu Tag, manchmal erst nach mehreren Tagen.

Wenn wir über das Wetter sprechen, haben wir nicht nur die Temperatur im Blick, sondern auch den Regen oder den Schnee, also die Niederschläge. Dazu kommen weitere Wetterelemente wie der Wind, die Windrichtung und die Windstärke, die Luftfeuchtigkeit und der Luftdruck. Sie alle bestimmen, wie das Wetter an einem bestimmten Tag oder an mehreren Tagen oder Wochen ist.

Auch Regen macht Spaß!

Wie wird das Wetter morgen und die nächsten Tage? Die Wettervorhersage weiß die Antwort! Im Internet gibt es viele Wettervorhersage-Webseiten. Auf deinem Handy hast du oder deine Eltern vielleicht eine Wetter-App, die dir nicht nur die aktuellen Wetterdaten liefert, sondern auch das Wetter weltweit vorhersagen kann. Wer einen schnellen Wetterüberblick möchte, schaut einfach im Fernsehen die Nachrichten an – kurz vorher oder kurz nachher gibt es Informationen zum aktuellen Wetter und zum Wetter der nächsten Tage.

Die Daten für das Wetter in Deutschland kommen von den rund 180 Wettermessstationen und mehr als 2500 kleineren Wetterstationen des Deutschen Wetterdienstes.

Hitzerekord!

Wusstet ihr, dass es im Jahr 2018 bei uns so heiß wie noch nie war? Und das vier Monate lang, von April bis Juli! Dieser Sommer sorgte für Rekorde. Und nicht nur in Deutschland, sondern weltweit: In Nord-Sibirien in Russland wurden 32 Grad gemessen – 20 Grad mehr als sonst! In der Oase von Ouargla, die in der Sahara liegt, stiegen die Temperaturen auf über 51 Grad – das war ein neuer Temperaturrekord in Afrika. Das ist wirklich unerträglich heiß, nicht nur für Affen!

Wetterdaten geben Aufschluss über das Klima

Wenn sich das Wetter über einen langen Zeitraum ändert, dann ändert sich auch das Klima. Was genau ist das Klima? Man kann es – anders als das Wetter – nicht direkt sehen oder spüren. Man kann es auch nicht so leicht messen wie die Wetterdaten. Von Klima sprechen wir, wenn wir langfristige Entwicklungen beim Wetter betrachten. Langfristig heißt beim Klima, dass wir in längeren Zeiträumen denken. Beim Klima vergleichen wir die Wetterdaten von heute mit Wetterdaten von vor mindestens 30 Jahren.

41,2 Grad, das ist der derzeitige Hitzerekord in Deutschland!

Wenn bei den Wetterdaten die Werte, verglichen mit vor 30 Jahren, zum Beispiel bei der Temperatur dauerhaft ansteigen oder sinken, dann haben wir es mit dem Klima zu tun. Die Klimaforscher haben nicht nur die Temperaturen im Blick. Das Klima ergibt sich aus allen Wetterdaten – der Windrichtung und Windstärke, den Niederschlägen, der Luftfeuchtigkeit und dem Luftdruck. Wenn wir über das Klima sprechen, sprechen wir über Zahlen: Das Klima ist eine Zahlensammlung oder Statistik, die auf den Daten vieler Wettermessungen über einen langen Zeitraum basiert.

Die Klimazonen der Erde

Die Wetterdaten zeigen, dass die Erde im Wesentlichen in fünf große Gebiete eingeteilt werden kann, die unterschiedliches Klima haben. Diese Gebiete oder Regionen nennt man Klimazonen. Warum gibt es verschiedene Klimazonen? Es liegt an der Sonne und der Form der Erde. Die Erde ist eine Kugel. Wenn die Sonne scheint und keine Wolken am Himmel sind, siehst du, wie die Sonnenstrahlen auf die Erde treffen. Am Äquator, also der Stelle, wo die Erde am dicksten ist und wo man sie in eine Süd- und Nordhalbkugel einteilen kann, treffen die Sonnenstrahlen senkrecht auf die Erde. Deshalb ist es dort das ganze Jahr über sehr warm und feucht. Grob zusammengefasst kann man sagen: Je weiter eine Region vom Äquator entfernt ist, umso weniger warm und feucht ist es dort. Die Wissenschaftler unterscheiden, vom Äquator nach Norden und Süden ausgehend, folgende Klimazonen.

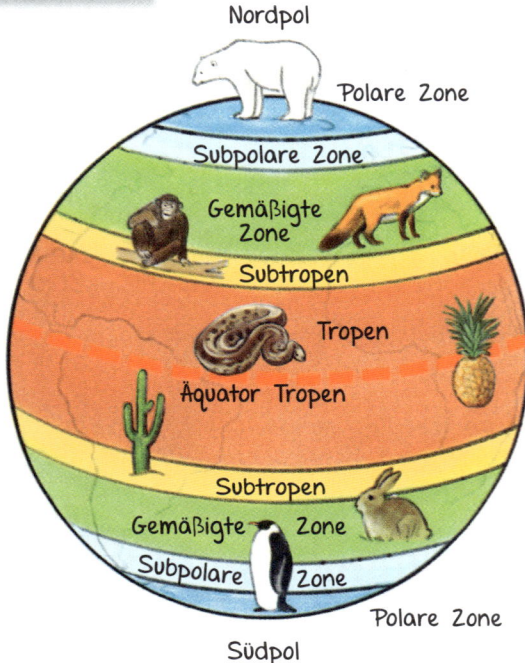

Nordpol
Polare Zone
Subpolare Zone
Gemäßigte Zone
Subtropen
Tropen
Äquator Tropen
Subtropen
Gemäßigte Zone
Subpolare Zone
Polare Zone
Südpol

Tropischer Dschungel

- **Tropische Zone:**
  Die Tropen liegen rund um den Äquator. Das Wetter ist das ganze Jahr gleich. Im Durchschnitt ist es etwa 25 Grad warm und es regnet viel.

- **Subtropische Zone:** Die Subtropen liegen auf der Nordhalbkugel nördlich und auf der Südhalbkugel südlich der Tropen. Dort ist es etwas kühler als in den Tropen: Im Durchschnitt ist es über 20 Grad warm; im kältesten Monat sinkt die Temperatur unter 20 Grad.

- **Gemäßigte Zone:** Diese Klimazone liegt jeweils nördlich und südlich der Subtropen. In den gemäßigten Zonen gibt es Jahreszeiten, also Frühling, Sommer, Herbst und Winter. Im Sommer kann es über 30 Grad warm werden, im Winter fallen die Temperaturen unter den Gefrierpunkt. In dieser Zone wohnst du.

- **Subpolare Zone:** Die subpolare Zone liegt jeweils nördlich und südlich der gemäßigten Zone. Hier sind die Winter lang, es fällt wenig Regen oder Schnee. Die Durchschnittstemperatur liegt unter null Grad.

- **Polare Zone:** Die Polarzone umfasst die Arktis und die Antarktis, also die Regionen rund um den Nordpol und den Südpol. Die Temperaturen sind fast immer weit unter null Grad. Im wärmsten Monat wird es maximal zehn Grad warm.

Eisbär in der Arktis

Sonne, Höhenlage und Wasser beeinflussen das Wetter in den Klimazonen

Schnee in den Tropen Afrikas? Ja, den gibt es! Auf dem Kilimandscharo, einem Berg in Tansania, liegt nicht nur Schnee, hier gibt es sogar Gletscher. Wie ist das möglich? Der Kilimandscharo ist fast 6000 Meter hoch! Je weiter man nach oben steigt, umso kühler wird es in dieser Bergregion. Damit wird klar, dass auch die Höhe über dem Meeresspiegel das Klima einer Region beeinflusst.

Auf dem afrikanischen Kilimandscharo liegt Schnee!

Das Klima wird von vielen Faktoren beeinflusst

Das Klima hängt aber nicht nur vom Breitengrad, also von der Entfernung einer Region vom Äquator ab, auch andere Dinge haben Auswirkungen auf das Klima einer Region.

Das gilt auch für das Wasser: Landstriche, die nah am Meer liegen, haben ein feuchteres Klima als Landstriche, die weit im Landesinneren liegen. Am Meer weht der Wind feuchte Luft über das Land, es regnet oft. Eine weitere Auswirkung des Meeres ist, dass die Temperaturen im Sommer nicht so stark steigen und im Winter nicht so tief fallen. Warum? Im Frühling und Sommer dauert es eine Weile, bis sich das Land und das Meer erwärmen; die Region bleibt lange kühl. So wie sich das Meerwasser nur langsam erwärmt, kühlt es im Herbst und Winter auch langsam ab. Deshalb sind die Winter in vielen Küstenregionen nicht so kalt wie die Winter im Landesinneren.

An Küsten merkst du oft geringere Temperaturschwankungen als im Landesinneren.

In welcher Klimazone leben wir?

Ein Kontinent, drei Klimazonen – das macht Europa einzigartig: Der – nach Australien und Ozeanien – zweitkleinste Kontinent liegt in drei Klimazonen, der subpolaren Klimazone im Norden, der gemäßigten Zone in Mitteleuropa und der subtropischen Klimazone in den Ländern, die an das Mittelmeer grenzen.

Neben den Breitengraden und der Höhenlage über dem Meeresspiegel spielt der starke Nordatlantikstrom eine wichtige Rolle für das Klima in Europa (siehe auch Seite 43). Der Nordatlantikstrom ist ein Teil des Strömungssystems, das alle Weltmeere umfasst. Er bringt sehr viel warmes Wasser vom Golf von Mexiko, also aus den Tropen, quer über den Atlantik nach Nordeuropa. Dort sorgt er an den Küsten von Irland und Norwegen sowie in Großbritannien und auf Island dafür, dass es dort im Winter vergleichsweise mild ist. Mitteleuropa abseits der Meeresküsten liegt in der gemäßigten Zone – hier ist es weder zu heiß noch zu kalt. Die gemäßigte Zone ist groß: Weite Teile der Nordhalbkugel und große Teile Nordamerikas und Asiens liegen dort. Auf der Südhalbkugel gehören nur kleinere Gebiete in Südaustralien, Neuseeland, Südafrika und Südamerika zur gemäßigten Zone. Eines ist allen Regionen in der gemäßigten Zone gemeinsam: Überall liegt die Jahresdurchschnittstemperatur zwischen sieben Grad und zwölf Grad.

Wird es wirklich immer wärmer?

Der Sommer 2018 war sehr heiß bei uns. Aber in den Sommermonaten der Jahre 2019, 2016, 2013 und 2003 waren die Temperaturen ebenfalls sehr hoch!

Nicht nur die Sommer sind außergewöhnlich warm. An immer mehr Tagen im Jahr scheint das Wetter verrücktzuspielen: Mal ist es unglaublich heiß, dann stürmt es und es kommt ein sehr heftiges Gewitter mit enorm viel Regen. In ganz Europa fällt seit etwa 1970 in den Wintermonaten immer weniger Schnee. Doch es gibt auch Ausnahmen: Von Schneechaos sprach man zuletzt im Jahr 2019, als es in den bayerischen und österreichischen Alpen mehr als eine Woche fast ununterbrochen geschneit hat. Einige Orte waren von der Außenwelt abgeschnitten; deshalb fiel auch für einige Tage die Schule aus.

Was ist los? Die Meteorologen, so nennt man die Forschenden, die sich mit dem Wetter befassen, notieren seit dem Jahr 1881, also seit rund 140 Jahren, an vielen Orten in ganz Deutschland regelmäßig die Temperatur und weitere Wetterdaten.

Meterhoher Schnee in den Alpen

Die älteste Bergwetterstation der Erde

An einzelnen Orten in Deutschland hat man schon vor 1881 die Temperaturen Tag für Tag aufgeschrieben. Die älteste Bergwetterstation der Welt steht in Bayern auf dem Hohenpeißenberg im Landkreis Weilheim-Schongau. Dort werden bereits seit 1781 Wetterdaten gemessen und aufgezeichnet.

Aus den Temperaturen an den einzelnen Tagen errechnen die Wissenschaftler eine Jahresmittel- oder Jahresdurchschnittstemperatur. Was glaubst du, wie warm oder kalt es im Mittel in Deutschland ist? Sieben Grad, zehn Grad, 15 Grad? Die Lösung ist: Im Durchschnitt ist es in Deutschland, über das ganze Jahr gerechnet, zwischen 7,6 Grad im Jahr 1881 und 10,3 Grad im Jahr 2019 warm – oder kalt. Wenn man die Jahre, die zwischen 1881 und 2019 liegen, ansieht, kann man feststellen, dass es in Deutschland immer wärmer wird … Und dieser Trend hält an! Nicht nur im Sommer wurde und wird es immer wärmer: Alle zehn Jahre steigt die Temperatur in Deutschland um 0,37 Grad an.

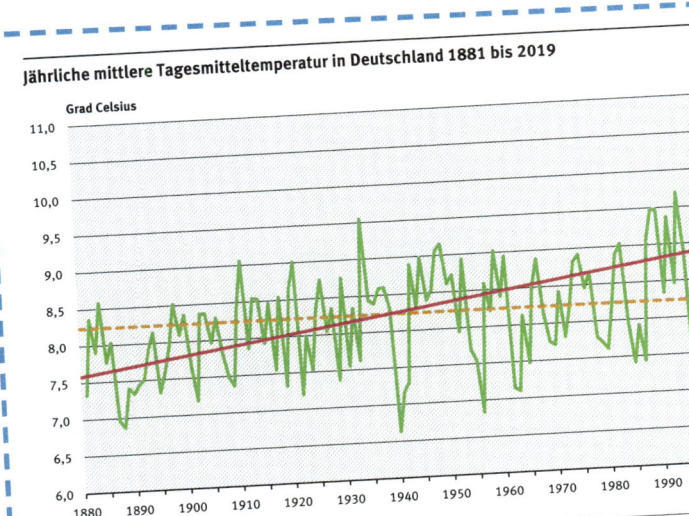

Jährliche mittlere Tagesmitteltemperatur in Deutschland 1881 bis 2019

Grad Celsius

— Einzelwerte   - - - Mittelwert 1961-1990   — Linearer Trend

Quelle: Deutscher Wetterdienst (DWD), Mitteilung vom 27.01.2020

Mehr als ein Grad seit 1881

Erinnerst du dich? In den letzten Jahren waren die Sommer heiß; im Winter fiel nur wenig Schnee. Waren die Jahre wirklich besonders warm? Ja, richtig! Seit dem Jahr 2000 liegt die Jahresdurchschnittstemperatur fast in jedem Jahr über neun Grad. In den Jahren 2015, 2018 und 2019 lag sie sogar über zehn Grad. Das bislang wärmste Jahr in Deutschland seit Beginn der Wetteraufzeichnungen war das Jahr 2018 mit 10,4 Grad im Jahresdurchschnitt! Damit ist es zu unserer Zeit in Deutschland durchschnittlich mehr als 1,5 Grad wärmer als noch vor rund 140 Jahren.

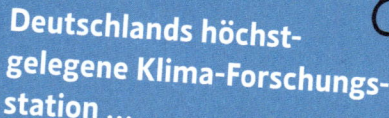

Deutschlands höchst-gelegene Klima-Forschungs-station …

… ist die Umweltforschungs-station Schneefernerhaus (UFS). Sie liegt auf 2650 Metern, rund 300 Höhenmeter unterhalb der Zugspitze, Deutschlands höchstem Berg. Seit mehr als 20 Jahren liefern Forscher von hier aus Umweltdaten, die zum Beispiel von Weltraumorganisationen wie der NASA, ESA oder der Weltorganisation für Meteorologie (WMO) der Vereinten Nationen genutzt werden.

Achtung, Hitze!

Ihr wisst bestimmt, dass nicht nur bei uns in Europa, sondern auf der ganzen Welt die Temperaturen und weitere Wetterdaten aufgezeichnet und verglichen werden. Dabei sieht man: Überall auf der Welt steigen die Temperaturen, es wird immer wärmer! Wenn die Entwicklung so weitergeht, dann kann es dazu führen, dass in 50 Jahren 3,5 Milliarden Menschen unter großer Hitze leiden. Das ist umgerechnet die Hälfte der Menschen, die heute auf der Erde leben!

Hilfe, wir sitzen im Treibhaus!

Damit ist klar: Das Klima ändert sich. Aber warum? Es gibt mehrere Gründe. Einer davon ist die Sonne, besser gesagt, die Sonnenstrahlung.

Die Wärme, die wir auf der Erde haben, kommt von der Sonne. Seit mehr als viereinhalb Milliarden Jahren funktioniert sie wie ein riesiger Kernfusionsreaktor: In ihrem Inneren verschmelzen Wasserstoffatome miteinander zu Heliumatomen. Dabei wird ungeheuer viel Energie frei, von der ein Teil auf die Erde strahlt und sie erwärmt.

Wenn wir die Sonne von der Erde aus mit bloßem Auge ansehen, sieht man keine Veränderungen. Doch die Sonne scheint nicht immer gleich stark. Die Energie, die von der Sonne ausgeht, schwankt über längere Zeit. Es gibt Jahrzehnte oder sogar Jahrtausende, da ist die Sonneneinstrahlung stärker, es gibt Jahrzehnte oder Jahrtausende, da ist die Sonneneinstrahlung schwächer. Die Sonne beeinflusst also nicht nur Tag für Tag das Wetter, sondern langfristig auch das Klima der Erde.

Egal, ob die Sonne stark oder schwach scheint – ein Teil der Sonnenstrahlen kommt gar nicht bis auf die Erde. Er wird in der Atmosphäre, genauer gesagt, in der Ozonschicht in 15 bis 30 Kilometer Höhe, in den Weltraum zurückgestrahlt. Neben der Ozonschicht strahlen auch die Wolken und Gletscher einen Teil des Sonnenlichts ins Weltall zurück und sorgen dafür, dass sich die Erde nicht aufheizt.

Ozon – oben nützlich, auf der Erde schädlich

Ozon kommt in der Stratosphäre, die sich in 15 bis 50 Kilometer Höhe befindet, und auf der Erde in Bodennähe vor. In der Höhe bewirkt Ozon, dass ein Großteil der ultravioletten Strahlung der Sonne absorbiert wird. Ein Teil der ultravioletten Strahlung kann Zellen zerstören und Hautkrebs auslösen. Auf der Erde, in Bodennähe, ist Ozon ein Reizgas, das die Atemwege angreift – wir können nicht mehr gut atmen, husten, es kratzt im Hals.

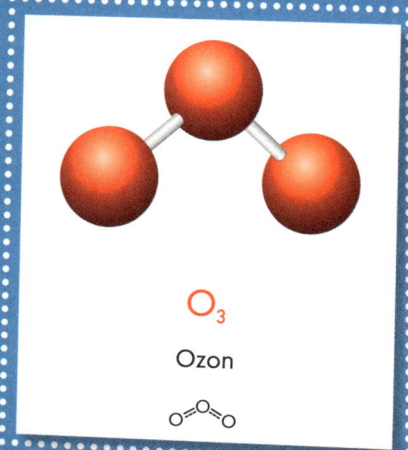

O_3

Ozon

Sonnenstrahlen werden absorbiert und reflektiert

Was passiert mit den Sonnenstrahlen, die nicht reflektiert werden? Sie durchdringen als kurzwellige Lichtstrahlen und langwellige Wärmestrahlen die Erdatmosphäre. Die Erde absorbiert die Wärmestrahlen, das heißt, sie nimmt die Wärmestrahlen auf und erwärmt sich. Gleichzeitig werden die kurzwelligen Lichtstrahlen reflektiert, das heißt, sie strahlen in die Atmosphäre zurück. Dabei wird ein Teil in langwellige Wärmestrahlen umgewandelt. Die Erde strahlt Energie ab. Doch halt – jetzt kommt vor allem ein Gas ins Spiel. Es ist das Kohlenstoffdioxid (CO_2). Es bewirkt, dass die Wärmestrahlen nicht ungehindert in den Weltraum aufsteigen können. Das führt dazu, dass es auf der Erde warm bleibt. Das ist der natürliche Treibhauseffekt. Seit rund 140 Jahren steigt die Menge an Kohlenstoffdioxid in der Atmosphäre. Auf der Erde wird es deshalb immer wärmer! Eine wichtige Rolle spielt dabei auch der Wasserdampf: Wenn die Temperaturen immer weiter ansteigen, verdampft mehr Wasser. In der Atmosphäre ist dann mehr Wasserdampf, der den Treibhauseffekt verstärkt.

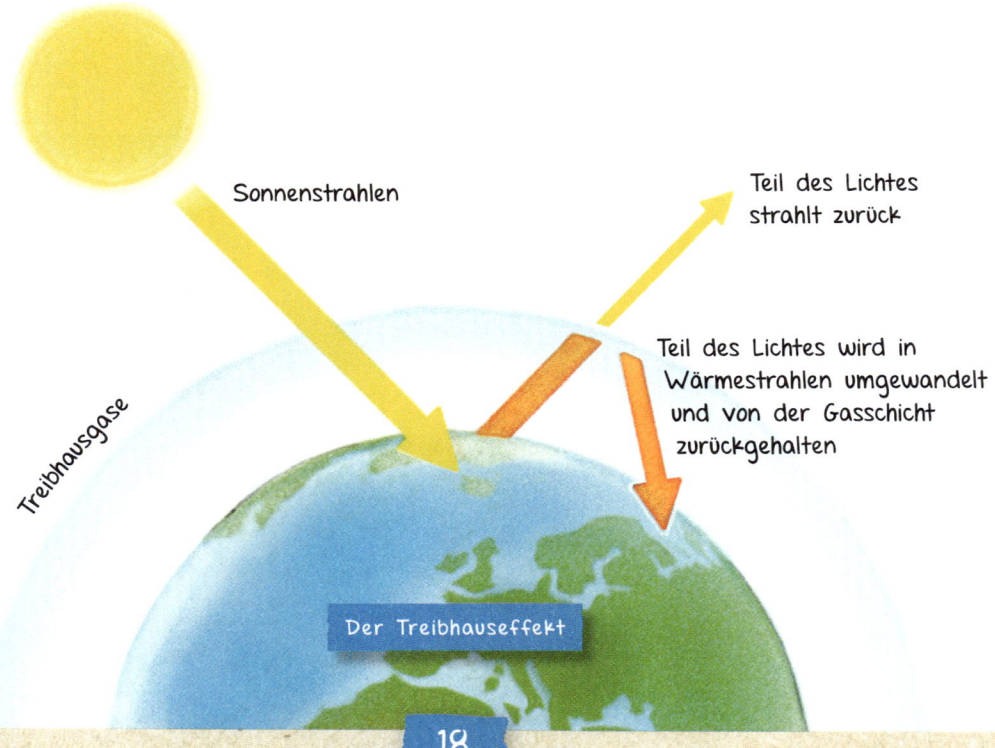

Sonnenstrahlen

Teil des Lichtes strahlt zurück

Teil des Lichtes wird in Wärmestrahlen umgewandelt und von der Gasschicht zurückgehalten

Treibhausgase

Der Treibhauseffekt

Viele Gase haben einen Treibhauseffekt

Nicht nur Kohlenstoffdioxid und Wasserdampf bewirken, dass es auf der Erde immer wärmer wird. Zu den Treibhausgasen gehören neben Kohlenstoffdioxid Methan und Lachgas sowie die fluorierten Treibhausgase (F-Gase, nicht abgebildet). F-Gase sind Gase, die in Klimaanlagen verwendet werden. Besonders gefährlich ist Lachgas, das über stickstoffhaltigen Dünger und die Massentierhaltung in die Atmosphäre kommt. Lachgas ist fast 300-mal so klimaschädlich wie Kohlenstoffdioxid.

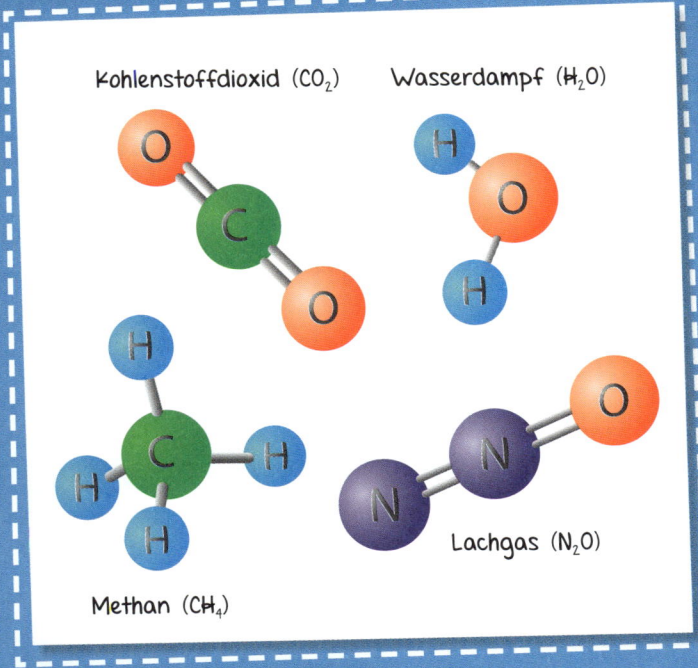

Kohlenstoffdioxid (CO_2)

Wasserdampf (H_2O)

Methan (CH_4)

Lachgas (N_2O)

In der Atmosphäre der Erde ist immer mehr CO_2: Vor rund 150 Jahren waren es 280 ppm (parts per million) CO_2 in der Atmosphäre, im Jahr 2019 waren es mehr als 410 ppm. Wie ist das zu erklären? Ein großer Teil des CO_2 entsteht nicht auf natürliche Weise, sondern durch vom Menschen verursachte Verbrennung. Seit rund 140 Jahren gibt es große Fabriken, die sehr viel Energie benötigen. Auch zu Hause und unterwegs, im Verkehr, verbrauchen die Menschen in den wohlhabenden Ländern immer mehr Energie in Form von Kohle, Erdöl, Erdgas. Bei deren Verbrennung entsteht Kohlenstoffdioxid.

CO_2

Ihr pustet so viel Abgase in die Luft!

Je mehr Industrie und Menschen, desto mehr Kohlenstoffdioxid ...

... produziert ein Land. Länder, in denen viele Menschen leben, wo es viel Industrie gibt und wo die Menschen viel konsumieren, produzieren mehr Kohlenstoffdioxid als Länder, in denen es wenig Industrie gibt und in denen viele Menschen von der Landwirtschaft leben.

Viele Länder haben erst in den letzten 60 Jahren Fabriken aufgebaut. In vielen von diesen Ländern hat auch die Bevölkerung stark zugenommen. Daher gelangt aus diesen Ländern sehr viel mehr Kohlenstoffdioxid in die Atmosphäre als früher. Ein Beispiel ist Japan: 1960 produzierte Japan 233 Millionen Tonnen Kohlenstoffdioxid, 2017 waren es 1205 Millionen Tonnen – das ist mehr als fünfmal so viel! Zum Vergleich: In Deutschland, wo es schon seit fast 200 Jahren Fabriken gibt, ist von 1960 bis 2017 die der Ausstoß von Kohlenstoffdioxid sogar ein wenig gesunken – von 814 Millionen Tonnen auf 799!

Chemische Fabrik mit giftigen Dämpfen

Wer produziert am meisten Kohlenstoffdioxid?

Wenn man die Länder miteinander vergleicht, dann liegt China weltweit an der Spitze: Im Jahr 2019 hat China zehn Millionen Tonnen CO_2 produziert. Umgerechnet auf die Menschen, die dort leben, ist es nicht so viel – etwa acht Tonnen pro Person und damit eine Tonne weniger als ein Mensch in Deutschland. Zum Vergleich: Im Inselstaat Palau im Pazifik kommen auf jeden der rund 18.000 Einwohner 65 Tonnen Kohlenstoffdioxid pro Jahr! Der Grund: Die Inseln sind ein beliebtes Reiseziel. Das CO_2, das die Touristen erzeugen, wenn sie mit dem Kreuzfahrtschiff oder Flugzeug dorthin reisen, rechnet man den Menschen auf Palau an, obwohl sie dieses gar nicht selbst verursachen.

Es kommt nicht nur auf die Schadstoffe an. Einige Länder, die aktuell noch sehr viel schädliche Klimagase erzeugen, setzen für die Zukunft auf erneuerbare Energien: In China spielt die Windkraft eine große Rolle. Dort baut man riesige Windparks. Ähnlich ist es in Indien, wo die Solarenergie sehr gefragt ist. Es gibt dort sogar einen Zug, der nur mit Solarenergie betrieben wird!

Riesiger Windpark in der Wüste Gobi in China

Meere und Wälder „schlucken" Kohlenstoffdioxid

Das Kohlenstoffdioxid, das wir produzieren, bleibt nicht einfach in der Atmosphäre. Den größten Teil davon, mehr als ein Drittel, nehmen die Ozeane auf. Etwa ein weiteres Drittel „schlucken" die Bäume, genauer gesagt, die Wälder auf der Nordhalbkugel. Mal mehr, mal weniger – die Menge an CO_2 in der Atmosphäre schwankt über das Jahr: Wenn bei uns Sommer ist, gibt es weniger CO_2. Der Grund: Die Laubbäume in den großen Waldgebieten auf der Nordhalbkugel sind grün und nehmen Kohlenstoffdioxid auf (siehe auch Seite 68).

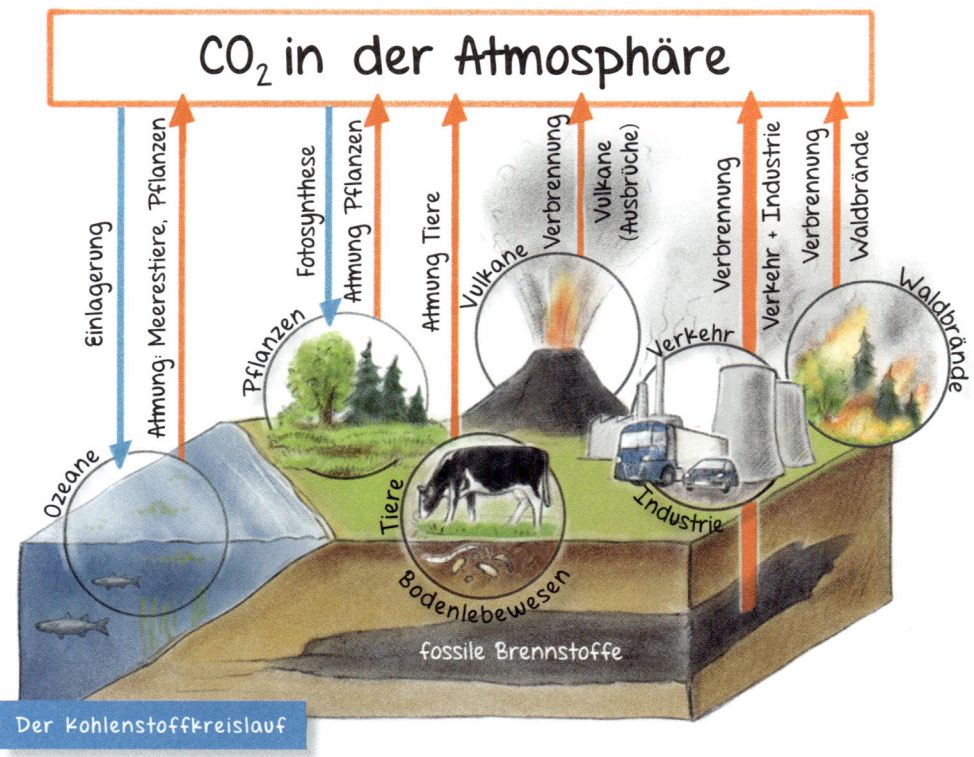

Der Kohlenstoffkreislauf

Je mehr Energie wir verbrauchen, desto mehr CO_2 gelangt ins Weltall. Deshalb bleibt immer mehr Wärmestrahlung auf der Erde. Das CO_2 und die übrigen Klimagase verhindern, dass die Wärme ins Weltall entweicht. Diese Gase funktionieren also wie eine Art Glaswand eines Gewächshauses oder Treibhauses. Wir sitzen also buchstäblich im Treibhaus!

Esst vegetarisch – dem Klima zuliebe!

Besonders gefährlich ist, dass sich nicht nur immer mehr Kohlenstoffdioxid in der Atmosphäre befindet. Die Menge der übrigen klimaschädlichen Gase, also Lachgas und Methan, wird auch immer größer. Methan ist 25-mal so klimaschädlich wie CO_2. Woher kommt es? Methan entsteht dann, wenn organisches Material unter Luftausschluss abgebaut wird. Das passiert bei der Verdauung: Wenn Kühe Gras fressen, pupsen und rülpsen sie – das Gas, das dadurch in die Atmosphäre entweicht, ist Methan. Deshalb ist die Massentierhaltung so schädlich für das Klima.

Abkühlung durch Vulkanausbrüche und Asteroideneinschläge

Hast du schon vom Jahr ohne Sommer gehört? Das gab es wirklich! Im Jahr 1815 brach Anfang April auf einer Insel im fernen Indonesien der **Vulkan Tambora** aus. Er schleuderte dabei 50 Kubikkilometer Asche und Gestein in die Atmosphäre. Das Material stieg über 40 Kilometer in die Höhe. Der Himmel verdunkelte sich … Und zwar nicht nur in Asien. Die dunklen Partikel verteilten sich mit der Zeit rund um die Erde und lösten einen Klimawandel aus. Das führte dazu, dass es in ganz Europa im Jahr darauf keinen Sommer gab – die Sonnenstrahlen konnten kaum auf die Erde durchdringen, und es war das ganze Jahr über sehr kalt! In Europa fiel deswegen die Ernte aus und alle Menschen hungerten …

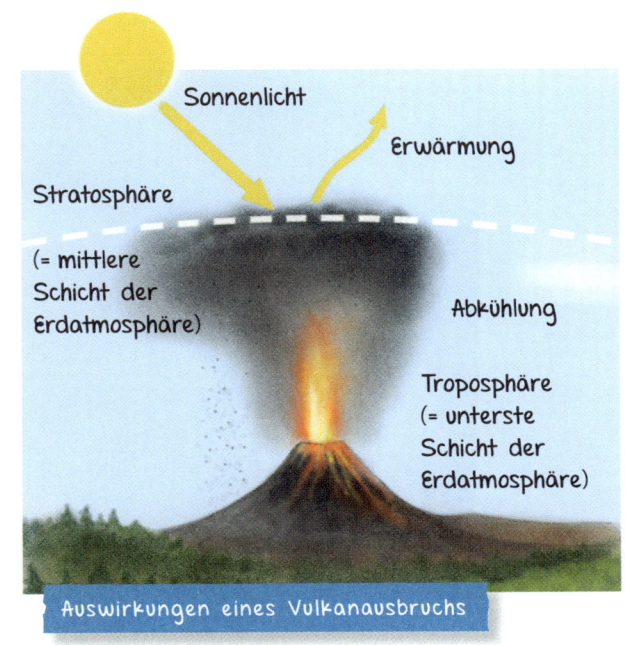

Sonnenlicht

Erwärmung

Stratosphäre

(= mittlere Schicht der Erdatmosphäre)

Abkühlung

Troposphäre (= unterste Schicht der Erdatmosphäre)

Auswirkungen eines Vulkanausbruchs

Es kommt auf der ganzen Welt immer wieder zu Vulkanausbrüchen, man kann sie nicht verhindern. Es kann also durchaus passieren, dass unser Klima in den nächsten Jahren oder Jahrzehnten von einem oder vielleicht sogar mehreren Vulkanausbrüchen beeinflusst wird. Wie stark die Auswirkungen eines Vulkanausbruchs sind, hängt davon ab, wie hoch die Aschewolke steigt und wie viel Asche in den Weltraum gelangt und sich dort verteilt: Je mehr und je höher Asche in die Atmosphäre kommt, umso stärker ist die Abkühlung.

Noch katastrophaler als die Folgen des Vulkanausbruchs auf Indonesien war der **Asteroideneinschlag** zur Zeit der Dinosaurier vor etwa 66 Millionen Jahren im heutigen Mexiko: Damals stiegen ungeheure Mengen klimawandelnder Gase, darunter Schwefel und Kohlenstoffdioxid, in die Atmosphäre und verdunkelten die Erde mehrere Jahre lang. Schon kurz nach dem Einschlag wurde es sehr schnell kalt auf der Erde. In der Folge starben nicht nur die Dinosaurier, sondern drei Viertel aller Arten auf der Erde aus. Nur nach und nach erholte sich die Natur und es entwickelten sich neue Arten, die sich auf der Erde ausbreiteten.

Asteroideneinschlag zur Zeit der Dinosaurier

Auswirkungen des aktuellen Klimawandels

Zu heiß? Bitterkalt? Viel Regen? Bestimmt hast du es auch schon selbst gemerkt, dass das Wetter häufiger verrücktspielt als früher, oder? In diesem Kapitel erfährst du, woran das liegt und welche fatalen Auswirkungen diese Wetterbedingungen noch haben können.

Mensch und Natur im Dauerstress

War es dir manchmal im Sommer auch oft zu warm? Oder gab es in deiner Gegend oder deiner Stadt schon einmal oder vielleicht sogar immer wieder starke Regenfälle? Es kommt immer häufiger vor, dass es außergewöhnlich heiß ist, dass viel mehr Regen, als wir es gewohnt sind, fällt. Oder dass es wochen-, vielleicht sogar monatelang gar nicht oder nur sehr wenig regnet.

Große Hitze, heftige Stürme, enorme Regenfälle und in der Folge Überschwemmungen oder auch das Fehlen von Regen oder Schnee nennt man extreme Wetterereignisse. Experten sagen, dass diese ein Hinweis auf den Klimawandel sind.

Und sie sagen voraus, dass es in Zukunft immer häufiger passieren kann, dass es sehr wenig oder viel zu viel regnet, heftig stürmt oder sehr heiß wird.

Was bedeutet das für uns? Fühlst du dich wohl, wenn es tagelang schüttet? Oder ein Sturm über das Land fegt und große Schäden anrichtet? Bestimmt nicht! Der Klimawandel führt dazu, dass wir uns gestresst fühlen.

Doch nicht nur wir Menschen haben Stress: Den Tieren und Pflanzen, die den steigenden Temperaturen und dem extremen Wetter schutzlos ausgeliefert sind, geht es genauso! Der Klimawandel zeigt sich nicht nur im Sommer, er ist das ganze Jahr über zu spüren, und das auf der ganzen Welt. Damit ist klar, dass nicht nur die Menschen, sondern auch die Tiere und Pflanzen in der Natur in einem ständigen Klimastress sind.

Die Trockenheit gefährdet zum Beispiel den Lebensraum der Gelbbauchunke.

Der Strandflieder ist durch die steigenden Meeresspiegel bedroht.

Klimawandel vor der Haustür, in der Stadt und auf dem Land

Der Klimawandel ist überall, auch dort, wo du wohnst – egal, ob in der Stadt oder auf dem Land.

Die meisten Menschen, die du aus deinem Freundes- oder Verwandtenkreis kennst, leben heute wahrscheinlich in Städten. Das ist nicht nur in Deutschland so, das gilt auch für Österreich und die Schweiz.

Klimawandel in der Stadt

Wer in der Stadt zu Hause ist, lebt oft in großen, mehrstöckigen Häusern. Dazwischen sind Straßen. Es bleibt also nicht so viel Platz für Bäume und Wiesen. Häuser und dunkle Flächen wie Hausdächer und Straßen erwärmen sich sehr schnell. Das führt dazu, dass es in Städten schon jetzt durchschnittlich zwei Grad wärmer ist als auf dem Land; an manchen Tagen kann es in der Stadt bis zu zehn Grad wärmer als auf dem Land werden. Dabei ist es nicht nur tagsüber sehr warm, auch in der Nacht kühlt es immer seltener unter 20 Grad ab. Wenn es tagsüber sehr heiß ist, die Sonne scheint

Messung der Luftqualität in der Stadt

und auf den Straßen viel Verkehr ist, entsteht aus den Abgasen das bodennahe Ozon, das die Atemwege reizt und deshalb sehr schädlich für die Gesundheit ist (siehe auch Seite 17). Die Sommer werden wärmer, die Luft wird schlechter – so verändert der Klima- wandel die Lebensqualität in den Städten.

Doch zum Glück regnet es immer wieder. Die Luft, die Dächer, Gebäude und Straßen kühlen sich ab, das schädliche Ozon verschwindet. Richtig! Aber der Regen hat auch Nachteile, vor allem wenn es sehr stark regnet. Der Grund: Der Regen trifft auf Dächer und Straßen, von denen aus er nicht direkt im Boden versickern kann. Das Regenwasser wird in Abwasserkanälen gesammelt, und je mehr es regnet, desto mehr Wasser sammelt sich darin an. Oft kann das Wasser nicht mehr abfließen, es staut sich auf den Straßen und dringt in die Keller der Häuser ein. Die großen Mengen Regenwasser, die über das Abwasser in die Flüsse gelangen, führen häufig dazu, dass die Flüsse über die Ufer treten, Überschwemmungen sind die Folge ...

Klimawandel auf dem Land

Lust auf Landleben? Dann nichts wie weg aus der Stadt!

Doch bevor du umziehst, solltest du Bescheid wissen, wie sich der Klimawandel dort auswirkt.

Klar ist, dass es auf dem Land weniger heiß wird, und auch Unwetter wie Stürme und Starkregen richten keine so großen Schäden an wie in Städten. Es sei denn, du wohnst in einer Bergregion oder in einem Tal in der Nähe eines Flusses. In den Bergen kann es durch den Klimawandel bei Starkregen zu Erdrutschen kommen, in Flussnähe drohen, wenn es sehr viel regnet, Überschwemmungen.

Starker Erdrutsch mitten im Schwarzwald in Süddeutschland

Auf dem Land wirkt sich der Klimawandel besonders in der Landwirtschaft aus: Die Tier- und Pflanzenarten, die wir bisher in unseren Regionen kultivieren, sind die höheren Temperaturen oft nicht gewöhnt. Wenn es zu wenig regnet und lange trocken ist, müssen Landwirte die Felder beregnen. Gleichzeitig müssen sie immer ein Auge darauf haben, dass die Pflanzen gesund bleiben: Viele Insekten, die den Pflanzen oder Früchten schaden können, fühlen sich in der Wärme besonders wohl und vermehren sich kräftig. Die Trockenheit und viele Schädlinge führen dazu, dass die Landwirte weniger ernten!

Kühe mögen es nicht zu warm.

Die Wärme liebenden Kartoffelkäfer vermehren sich dank Klimawandel gut und richten durch Blattfraß hohen Schaden an.

Wir Menschen lieben es gerne warm. Und die Tiere? Kühe lieben es kühl, zwischen sieben und 17 Grad. Wenn es im Stall oder draußen auf der Weide wärmer als 24 Grad wird, leiden sie unter Hitzestress. Sie geben weniger Milch und werden leichter krank.

Wiesen, Felder und Wälder, dazwischen einzelne Dörfer. So sieht es bei uns auf dem Land aus. Was macht der Klimawandel mit den Wäldern? Beim Wandern fühlt sich der Wald immer schön kühl an. Doch das trügt. Auch im Wald macht sich der Klimawandel bemerkbar. Den Bäumen im Wald geht es ähnlich wie den Pflanzen auf den Feldern – sie sind an die hohen Temperaturen und die extremen Wetterereignisse wie lange Trockenheit, Starkregen und Stürme nicht angepasst. Stichwort Trockenheit: Anders als in der Landwirtschaft ist es sehr schwierig, Wald zu beregnen oder zu bewässern. Deshalb leiden die Bäume besonders. Vor allem die Fichten haben es schwer. Sie werden sehr stark von Schädlingen wie dem Borkenkäfer befallen und sterben ab.

> Ich liebe den Wald!

Ganze Wälder sterben ab durch die Trockenheit und den Befall mit Borkenkäfern.

Klimawandel in Deutschland

Auch wenn Deutschland überwiegend in der gemäßigten Klimazone liegt, gibt es doch große Unterschiede zwischen den einzelnen Regionen. Wissenschaftler haben sehr viele Daten gesammelt und mit diesen Daten die Entwicklung des Klimas in Deutschland vorausberechnet. Nach ihren Berechnungen wird es in ganz Deutschland wärmer und die Wirbelstürme, die über das Land fegen, werden stärker.

Die Erwärmung wirkt sich besonders stark auf Brandenburg und Berlin aus. Die Region dort ist bereits jetzt sehr trocken. Es regnet vergleichsweise selten und der Regen, der fällt, versickert sehr schnell im Sandboden. Trockenheit bedeutet nicht nur Dürre, auch die Gefahr von Waldbränden steigt. Und wenn es dann endlich regnet, kann es zu Starkregen kommen!

Starkregen ...

... und Trockenheit sind die Folgen von Klimawandel in Deutschland.

Wo steigt die Temperatur am stärksten? Im Nordosten, das heißt in Mecklenburg-Vorpommern, und im Südwesten, also in Baden-Württemberg. In Letzterem wird es nicht nur besonders warm, es wird auch sehr viel weniger regnen und auch hier sind – wie in Brandenburg – Trockenheit und Dürre die Folge.

An den Meeresküsten an der Nord- und Ostsee steigen die Meeresspiegel; der Wasserstand der Nordsee könnte, so sagen einige Wissenschaftler, bis zum Jahr 2100 mehr als einen Meter höher liegen als im Jahr 2020. Das Meer kommt also immer näher ... Und es wird wärmer. Doch das heißt nicht unbedingt, dass wir schön baden können. Im Gegenteil: Weil das Wasser wärmer wird, vermehren sich Blaualgen, und zwar vor allem in der Ostsee. Wenn sie absterben, sinken ihre Reste auf den Meeresboden. Dort verrotten sie langsam und verbrauchen dabei viel Sauerstoff. Dieser fehlt den Fischen und anderen Lebewesen zum Atmen. Daher kommt es, dass es in großen Teilen der Ostsee kein Leben mehr gibt. Noch schlimmer ist, dass einige Blaualgenarten, die nicht nur im Meer, sondern auch in Seen vorkommen, giftig und daher für Menschen gefährlich sind!

Es wird mehr Stürme an der Nord- und Ostsee geben, die Stürme werden auch heftiger sein. Daher kann es vermehrt zu Sturmfluten kommen, die weite Teile entlang der Küsten überschwemmen.

Und in den Bayerischen Alpen? Dort schmelzen die Gletscher. Im Winter schneit es immer weniger … Skifahren ist in den Deutschen Alpen immer seltener und an immer weniger Orten möglich.

Schmelzender Gletscher in den Schweizer Alpen

Sturmwolken über der Nordsee im Winter

Klimawandel in Europa

Europa liegt in drei Klimazonen. So unterschiedlich wie das Wetter in den Klimazonen ist, so unterschiedlich wirkt sich auch der Klimawandel auf die Regionen aus.

In **Zentraleuropa**, abseits der Nordseeküste, wird es das ganze Jahr über wärmer. In der Zukunft gibt es dort mehr Wetterextreme – weniger Regen im Sommer, dafür mehr Starkregen.

An der **Atlantikküste**, also dort, wo der Nordatlantikstrom das Wetter stark beeinflusst, wird es mehr regnen, das Risiko für Überschwemmungen steigt. Im Winter stürmt es.

An der **Ostsee**, in den Küstenländern **Nordeuropas**, wird es ebenfalls stärker und mehr regnen. Weil es auch wärmer wird, rechnet man mit weniger Eis und Schnee.

In den höher gelegenen **Gebirgen** in Nordeuropa, in den Alpen und auf dem Balkan, steigen die Temperaturen mehr als in den übrigen Regionen. Deswegen schmelzen dort die Gletscher. Auch Gebiete hoch oben in den Bergen, wo das ganze Jahr über Frost herrscht, tauen allmählich auf und es kommt immer häufiger zu Erdrutschen.

Überall in **Südeuropa** wird es wärmer und es regnet weniger, Dürren und Waldbrände drohen.

Verlierer Südeuropa

Orangen, Zitronen, Trauben, Melonen, Gurken, Tomaten, Oliven … Das ganze Jahr über gedeihen in Südeuropa Obst und Gemüse. Doch wie lange noch? Wenn es, wie viele Wissenschaftler befürchten, dort im Frühjahr und Sommer immer weniger regnet, kann weniger angebaut und geerntet werden – ein großer Verlust für die Menschen, die dort leben!

Klimawandel weltweit

Das Klima ändert sich laufend. Der aktuelle Klimawandel ist eine neue Situation: Während früher Klimaschwankungen nur in einzelnen Regionen passiert sind, vollzieht sich der Klimawandel unserer Zeit auf der ganzen Welt. Neu ist auch die Geschwindigkeit: Die Veränderungen kommen sehr schnell, oft viel schneller, als sie die Wissenschaftler bis vor wenigen Jahren vorausgesagt haben.

Wie verändert sich das Klima weltweit und welche Folgen hat der Klimawandel? Auf der ganzen Welt nehmen die Wetterextreme zu, es wird wärmer, die Meeresspiegel steigen.

Milder Winter, zeitiges Frühjahr – die Jahreszeiten ändern sich

Mehr als zehn Grad plus im Februar? Das kommt bei uns immer häufiger vor! Wochenlang Eis und Schnee im Winter, das ist immer seltener … Die Tage, an denen Frost herrscht, werden auf der Nordhalbkugel, also dort, wo wir leben, weniger. Durch den Klimawandel werden die Winter sehr viel milder, der Frühling beginnt eher. Wie sich die Jahreszeiten verschoben haben, kann man an den Pflanzen sehen. Im Frühling fangen viele Pflanzen immer früher zu wachsen und zu blühen an.

Mehr Wachstum, mehr Ernten?

Bis vor einigen Jahren dachten die Wissenschaftler, dass die Pflanzen nicht nur eher zu wachsen anfangen, sondern bis zum Herbst mehr wachsen, also größer werden und längere Wurzeln bilden, weil sie mehr Zeit dafür haben. Heute weiß man, dass das nicht ganz richtig ist. Die Pflanzen beginnen eher zu wachsen. Aber im Sommer, wenn es sehr heiß und trocken ist, wachsen sie nur noch wenig. Insgesamt bringt der Klimawandel in vielen Regionen keinen Vorteil für das Pflanzenwachstum.

Von 1950 bis 2010, also innerhalb von 60 Jahren, hat sich deshalb die Zeit im Jahr, während der die Pflanzen wachsen, um mehr als zwei Wochen verlängert! Ein Beispiel dafür ist das Schneeglöckchen, das als der erste Frühlingsbote gilt. Es blüht heute mehr als zwei Wochen früher. Auch andere Pflanzenarten fangen nach dem Winter immer zeitiger zu wachsen an: Haselnüsse, Kirschen und viele andere Pflanzen auf der Nordhalbkugel.

Heimische Arten verschwinden, neue Arten breiten sich aus

Ein Eisbär, der einsam auf einer Eisscholle über das Meer driftet – dieses Bild steht symbolisch für die Auswirkungen des Klimawandels auf die Tierwelt.

Das Eis der Arktis schmilzt, der Lebensraum für Eisbären wird immer kleiner. So geht es nicht nur den Eisbären. Je wärmer es wird, desto mehr Tier- und Pflanzenarten kommen mit den steigenden Temperaturen, der Wasserknappheit, Starkregen und Stürmen nicht klar.

Nicht nur die Tierwelt ist bedroht, auch die Pflanzen. Ähnlich wie bei den Tieren verschieben sich auch bei den Pflanzen die Regionen, wo sie gut wachsen und sich fortpflanzen können. Während viele Arten nach und nach aus ihren bisherigen Regionen verschwinden und sich in kühleren Regionen ansiedeln, kommen gleichzeitig Tiere und Pflanzen nach, die ursprünglich in wärmeren Regionen heimisch waren. Dort vermehren sie sich und breiten sich aus. Manche neue Arten fühlen sich an ihren neuen Standorten so wohl, dass sie heimische Arten verdrängen.

Die Walnuss kommt mit heißen, trockenen Sommern gut klar und wird sich stärker verbreiten.

Viele Tier- und Pflanzenarten sterben aus

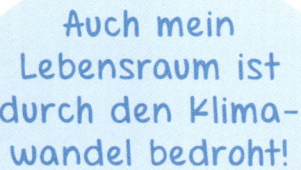

Auch mein Lebensraum ist durch den Klimawandel bedroht!

Wie das Beispiel des Eisbären zeigt, müssen viele Tier- und Pflanzenarten in höher gelegene und kühlere Regionen abwandern. Doch das ist nicht immer möglich – für den Eisbären, der bereits in den kältesten Gebieten lebt, gibt es immer weniger Regionen, wo es kalt genug für ihn ist. Dort ist dann nur noch Platz für wenige Tiere. Wenn sich immer wieder dieselben wenigen Tiere paaren und Nachwuchs bekommen, können sich Krankheiten leicht ausbreiten. Damit ist die Tierart sehr stark gefährdet. Die Folge: Man befürchtet, dass es in einigen Jahren keine Eisbären mehr in der Wildnis gibt. Leider geht es nicht nur um Eisbären: Viele weitere Tier- und Pflanzenarten, die wegen des Klimawandels auf andere Lebensräume ausweichen müssen, drohen auszusterben. Abholzung, Brände, Umweltverschmutzung ... Natürliche Lebensräume gehen verloren. Die Folge: Weltweit sterben Tag für Tag rund 130 Tier- und Pflanzenarten aus.

Der Afrikanische Elefant ist durch die starken Dürreperioden infolge des Klimawandels unmittelbar vom Aussterben bedroht!

Der Trauerschnäpper als Zugvogel leidet so unter dem Klimawandel: Er kommt von seiner Reise sehr spät zurück, und da sich die Insekten früher entwickeln, gibt es weniger Nahrung für ihn.

Es gibt nicht nur wenig Platz für viele Tierarten, auch das Futter ist nicht mehr sicher. Wie das? Auf der Nordhalbkugel, wo die größten Landmassen sind, beginnt der Frühling immer eher im Jahr. Das haben inzwischen auch viele Zugvogelarten bemerkt und sich angepasst: Viele von ihnen kommen früher als noch vor einigen Jahren aus ihren Winterquartieren aus dem warmen Süden in den Norden zurück, um hier zu brüten. Wenn ihre Küken schlüpfen, gibt es oft bereits die Larven und Insekten, die die Kleinen brauchen. Doch im zeitigen Frühjahr können die Temperaturen sehr stark schwanken – ein Wintereinbruch mit Frost kann leicht passieren. Heute ist der Tisch noch reich gedeckt, morgen ist es eiskalt und es gibt nichts mehr zu fressen – das ist eine große Gefahr für die Jungen, die regelmäßig Nahrung brauchen, um zu überleben! Deshalb sind durch den Klimawandel viele Insekten- und auch Vogelarten bedroht.

Droht das größte Artensterben seit der Dinosaurierzeit?

Hallo ihr! Ihr habt ja vor ein paar Seiten das mit dem Aussterben der Dinosaurier durch einen Asteroiden vor 66 Millionen Jahren gelesen, oder? Ganz ähnlich ist es leider heute: Wegen der Klimaerwärmung droht ein zweites großes Artensterben! Wie viele Arten dabei verschwinden werden, können die klugen Menschen nur abschätzen. Der World Wild Fund for Nature (WWF) befürchtet, dass rund die Hälfte aller Arten infolge des Klimawandels aussterben kann. Das ist doch Wahnsinn, oder?

Permafrostböden tauen auf

Wo ist es das ganze Jahr über immer sehr kalt? Na klar, im Hochgebirge und im Norden! Die Gebiete, wo dauerhaft Frost herrscht, nennt man Permafrostgebiete. Etwa ein Viertel der Landfläche der Erde liegt in der Permafrostzone. Das sind große Teile von Nordkanada, Alaska, Grönland und Sibirien. Doch nicht mehr lange … Die Klimaerwärmung sorgt dafür, dass Teile der Permafrostgebiete auftauen. Dabei kommt Methan in die Atmosphäre. In den Gebieten, die bislang gefroren waren, verrotten die abgestorbenen Pflanzen und setzen Kohlenstoffdioxid frei. Methan und Kohlenstoffdioxid haben schlimme

Folgen: Sie bewirken, dass sich der Klimawandel verstärkt und die Temperaturen weiter ansteigen. Das wiederum hat zur Folge, dass noch mehr Permafrostböden auftauen, was dazu führt, dass es noch wärmer wird … Ein echter Teufelskreis!

Methan
CO_2

Durch das Auftauen der Permafrostgebiete infolge des Klimawandels werden Kohlenstoffdioxid und Methan freigesetzt.

CO_2

Die Meere erwärmen sich

Europa, Asien, Amerika, Afrika ... Wenn wir an die Erde denken, haben wir meistens die Kontinente vor Augen. Doch das ist eigentlich nicht ganz richtig. Denn nur knapp ein Drittel der Erdoberfläche ist von Land bedeckt. Mehr als zwei Drittel sind Wasser! Wenn wir von der Erderwärmung sprechen, dann gilt das nicht nur für die Kontinente, sondern auch für die Seen, Flüsse und Meere. Sie alle werden wärmer – mehr als 90 Prozent der Wärme, die durch den Treibhauseffekt zusätzlich erzeugt wird, nehmen die Ozeane auf. Sie erwärmen sich deshalb besonders schnell! Das hat Folgen.

Am auffälligsten ist, dass das Eis an den Polen schmilzt, und zwar immer schneller. Immer mehr Gletscher brechen ab und treiben als Eisberge im Meer ... Im schlimmsten Fall, wenn man davon ausgeht, dass die großen Gletscher, die das Land am Südpol bedecken, schmelzen, kann der Meeresspiegel bis zu 150 Zentimeter ansteigen. Wie schnell das Eis schmilzt, wie stark der Meeresspiegel ansteigt und wie viel Land an den Küsten das Meer überfluten wird, können die Wissenschaftler heute noch nicht genau berechnen.

1984   2016

Hier siehst du, wie viel Eisfläche innerhalb von circa 30 Jahren auch am Nordpol geschmolzen ist.

Etwas anders ist es mit den Veränderungen bei den Meerestieren und -pflanzen. Hier kann man dieselben Veränderungen bemerken wie bei den Tieren und Pflanzen an Land: Wenn es einer Tier- oder Pflanzenart im Meer zu warm wird, wandert sie in kältere Gebiete weiter, andere Tier- und Pflanzenarten kommen nach und breiten sich aus.

Eine Ausnahme sind die Steinkorallen. Korallen sind sehr kleine Tiere. Das, was wir von den Korallen sehen, sind die Riffe – Gebilde aus Kalkstein, die die Nesseltiere „bauen". Korallen können nur zusammen mit bestimmten Algenarten leben. Wenn die Wassertemperatur über längere Zeit über 30 Grad steigt, stoßen die Korallen die Algen ab – diese sterben. Das bedeutet auch den Tod der Korallen. Nur ein sehr kleiner Teil des Lebensraums im Meer sind Korallenriffe. Trotzdem sind diese Lebensräume sehr wichtig: Ähnlich wie im Regenwald gibt es hier besonders viele verschiedene Arten. Wie sehr die Korallen unter dem Klimawandel leiden, kann man am Great Barrier Reef vor der Nordostküste Australiens sehen: Mit mehr als 344.000 Quadratkilometern ist es das größte Riff der Welt – größer als Italien. Seit dem Jahr 2000 ist es wegen des Klimawandels um die Hälfte geschrumpft!

Was passiert mit dem Nordatlantikstrom?

Salziges Wasser ist schwer und sinkt nach unten. In der Tiefe angekommen, fließt es in wärmere Gegenden und steigt wieder nach oben ... So entstehen Strömungen im Meer. Doch was passiert, wenn sich die Meere erwärmen? Ändern sich dann die Strömungen im Meer? Das versuchen Forscher herauszufinden! Einige von ihnen sind der Meinung, dass der Nordatlantikstrom bereits jetzt weniger warmes Wasser über den Atlantik nach Europa transportiert als noch vor einigen Jahrzehnten. Sie glauben aber, dass der Strom noch lange weiterfließen wird. Es gibt aber auch Forscher, die befürchten, dass der Nordatlantikstrom zusammenbrechen und nicht mehr bis nach Europa fließen könnte. Dann, so haben sie berechnet, würde es in Europa um einige Grade kühler werden, als es jetzt ist, und das, obwohl es dann wegen des Klimawandels auf der Erde insgesamt deutlich wärmer ist.

Der Nordatlantikstrom bringt Wärme nach West- und Nordeuropa.

Dürren, Waldbrände und Überschwemmungen

In vielen Regionen bemühen sich Forstleute, die Wälder fit für den Klimawandel zu machen und Bäume zu pflanzen, die mit dem neuen Klima und Extremwetter leben können. Doch häufig kommt es gar nicht dazu, dass neue Wälder entstehen oder in alten Wäldern neue Bäume gepflanzt werden können. Viele Waldregionen sind inzwischen so trocken, dass dort immer wieder Waldbrände ausbrechen. In den letzten Jahren haben sich in Kalifornien (USA), Russland und Australien einzelne Brände stark ausgebreitet und konnten wochenlang nicht gelöscht werden, was wiederum den Klimawandel beschleunigt hat!

Der Klimawandel erhöht das Risiko für Waldbrände.

Dort, wo der Wald brennt, weil es sehr trocken ist, gibt es auch kaum Möglichkeiten für die Landwirtschaft; die Felder verdorren, es gibt keine Ernten mehr.

Dürre ist eine erste Folge des Klimawandels, unter der die Landwirte und auch wir extrem leiden (werden).

Während es in einigen Regionen sehr trocken wird, steigen an den Küsten die Wasserspiegel. Was bedeutet das für die Menschen?

Seit mehreren Tausend Jahren nutzen die Menschen Schiffe als Verkehrsmittel. Bis heute werden auf großen Schiffen jede Menge Güter transportiert. Kein Wunder also, dass sehr viele große und wichtige Städte in Europa und anderen Teilen der Welt direkt am Meer oder an Flüssen liegen, die ins Meer münden, wie zum Beispiel Hamburg, London, Rotterdam. Dazu kommen sehr große Städte wie Hongkong, Kalkutta, Jakarta, Shanghai, Mumbai, Buenos Aires, New York und Tokio. Diese Metropolen und die Landstriche in ihrem Umkreis sind stark von Überschwemmungen bedroht.

Besonders viele Menschen sind in der Küstenregion Chinas gefährdet. Dort leben rund 145 Millionen Menschen in Gegenden, wo es zu Überflutungen infolge des Klimawandels kommen kann. Auch die Nordseeküste ist sehr gefährdet: Hier drohen Überschwemmungen durch Sturmfluten, bei denen es gleichzeitig zu Starkregen kommt!

Inseln verschwinden im Ozean

Ihr wart doch bestimmt schon mal auf einer Urlaubsinsel, oder? Könnt ihr euch vorstellen, dass diese einfach so im Meer verschwindet? Leider passiert dies durch den Klimawandel. Viele Inseln, vor allem die im Pazifik, liegen nur wenige Meter über dem Meeresspiegel. Wenn der Meeresspiegel steigt, sind sie besonders bedroht. Mindestens fünf unbewohnte Inseln der Salomonen sind bereits im Meer versunken; weitere Inseln, wie zum Beispiel in dem Staat Kiribati, der in der Nähe von Australien liegt, sind vom Untergang bedroht. Die rund 100.000 Einwohner müssen die Inseln verlassen und umgesiedelt werden.

Hunger, Krankheiten, Konflikte und Migration

Dürren und Überschwemmungen vernichten Ernten. Die Folgen sind Armut, Krankheiten und Hunger. In Regionen, wo sauberes Wasser knapp ist, kommt es zu Problemen bei der Ernährung. Die Menschen werden von dem verseuchten Wasser krank und es entstehen Konflikte, wie zum Beispiel in Palästina, Iran und Indien.

So sieht die Asiatische Tigermücke aus.

Gesundheitliche Probleme und Krankheiten, die der Klimawandel verursacht, spielen auch bei uns eine Rolle: Mit neuen Pflanzenarten kommen neue Pollen, mehr Allergien treten auf. Neue Tierarten bringen neue Krankheiten: Nicht nur in Südeuropa, auch in Deutschland siedeln sich seit einigen Jahren Mücken an, die tropische Krankheiten übertragen können, wie zum Beispiel die Asiatische Tigermücke, die mehr als 20 gefährliche Krankheitserreger übertragen kann, darunter das Dengue-, West-Nil- und Gelbfieber-Virus sowie das Zika-Virus.

Kein Wunder, dass viele Menschen aus Regionen, die besonders unter dem Klimawandel leiden, wegziehen, um sich anderswo ein neues Leben aufzubauen. Ein Teil kann innerhalb eines Landes umgesiedelt werden oder zieht auf eigene Faust weg, ein Teil versucht, in anderen Ländern, wo die Lebensbedingungen besser sind, Fuß zu fassen.

Wie können sich Menschen an steigende Temperaturen anpassen?

Leider können wir den Klimawandel nicht so leicht stoppen oder die Zeit in eine Phase, in der es noch kühler war, zurückdrehen. Ein erster Lösungsweg ist, dass wir uns an die Folgen des Klimawandels anpassen. Was heißt das? Es ist oft gar nicht so schwer: Wenn es im Sommer besonders heiß ist, solltest du immer genug trinken. In der Pause draußen spielen? Lieber nicht! Gerade bei schönem Sommerwetter kann die Ozonbelastung sehr hoch sein – drin bleiben lautet die Devise!

> Handstand mache ich jetzt lieber abends!

Doch nicht nur im Alltag können wir uns anpassen. Häuser sollten nachhaltig gebaut werden: Wenn man ein Haus aus Beton baut, kommt sehr viel Kohlenstoffdioxid in die Atmosphäre. Ganz anders ist es bei einem Holzhaus: Holz speichert Kohlenstoffdioxid. In vielen Ländern, vor allem in Skandinavien, gibt es sie überall – bunt bemalte Holzhäuser. Inzwischen werden auch bei uns immer mehr Einfamilienhäuser aus Holz gebaut. Man hat sogar begonnen, mehrstöckige Häuser aus diesem Rohstoff zu errichten.

Ein typisches skandinavisches Holzhaus

Deutschlands größte Holzbau-siedlung …

… ist in München: Rund 570 Wohnungen – ein ganzes Viertel mit Kindergärten, einem Marktplatz und vielem mehr – wird in Holzbauweise erstellt. Die Gebäude sind bis zu sieben Stockwerke hoch!

Es gibt sogar Häuser, die auf nachhaltige Weise mehr Energie produzieren, als sie verbrauchen!

Auch in der Forst- und in der Landwirtschaft geht man neue Wege. Man baut immer mehr Pflanzen an, die unter den neuen Klimabedingungen gut wachsen.

Darüber hinaus gibt es viele Überlegungen, wie große Gebiete oder ganze Länder vor den Gefahren des Klimawandels geschützt werden können. So stellten zum Beispiel Anfang 2020 zwei Wissenschaftler einen Plan für zwei große Dämme vor, die die Nordsee vom Atlantik abriegeln. Diese sollen verhindern, dass Wasser vom Atlantik in die Nordsee fließt und der Wasserspiegel der Nordsee weiter steigt. So soll vermieden werden, dass die Niederlande und große Teile Norddeutschlands überflutet werden. Das Projekt ist nicht nur gigantisch groß. Es ist auch technisch sehr aufwendig und deshalb teuer. Bislang ist so ein Staudamm nicht geplant. Damit wird klar: Überflutungen weiter Gebiete kann man nicht verhindern, Stürme kann man nicht aufhalten, auch Regen kann man nur sehr begrenzt erzeugen … Wenn die Temperaturen immer weiter ansteigen, wird es nicht reichen, wenn wir nur versuchen, uns an die Folgen des Klimawandels anzupassen. Wir müssen versuchen, den Klimawandel zu stoppen oder wenigstens zu verlangsamen!

Was macht die Politik, um die Klimaerwärmung zu verlangsamen?

Zwei-Grad-Ziel, Agenda 21 oder Klimabündnis, vielleicht hast du bereits von diesen Begriffen gehört. Aber was bedeuten sie eigentlich und was sollen sie bewirken? Dies erfährst du hier.

Die Politik gibt die Regeln vor

Schon lange machen Wissenschaftler auf die Folgen der steigenden Temperaturen aufmerksam und warnen. Inzwischen ist die Botschaft in der Politik angekommen. Auf der ganzen Welt sind sich die allermeisten Politiker einig, dass sie etwas dagegen unternehmen müssen.

Man hat sich darauf verständigt, dass die Temperaturen bis Ende 2100 nicht höher als eineinhalb oder höchstens zwei Grad steigen sollen, verglichen mit den Temperaturen um 1880. Man spricht hier vom Zwei-Grad-Ziel oder von der Zwei-Grad-Grenze. Inzwischen arbeiten die Politiker auf allen Ebenen zusammen, um dieses Ziel zu erreichen. Sie machen Gesetze und treffen internationale Vereinbarungen.

Warum liegt die Grenze bei zwei Grad?

Weil sonst das Klima kippen kann! Was ist damit gemeint? Stell dir vor, du balancierst auf einer Wippe. Wenn du die Stelle in der Mitte, also dort, wo die Wippe am Boden verankert ist, überschritten hast, kippt sie. So ähnlich stellen sich die Wissenschaftler die Entwicklung der Klimaerwärmung vor: Wenn die Klimaerwärmung so weitergeht wie bisher, dann kann das Klima kippen – es gibt keinen Weg zurück. Egal, wie sehr wir uns dann anstrengen und Kohlenstoffdioxid und andere klimaschädliche Gase sparen oder aus der Atmosphäre herausnehmen – wir können das Klima und damit auch das Wetter nicht mehr beeinflussen. Es droht die Gefahr, dass es immer wärmer wird …

Die Wissenschaftler sprechen von mehreren Kipp-Szenarien: Das Klima kann kippen, wenn immer mehr Gletscher auf den Bergen und das Eis an den Polen schmelzen. Noch gibt es viel Eis, also weiße Flächen, die das Sonnenlicht in die Atmosphäre zurückstrahlen. Wenn es aber weiter schmilzt, werden die weißen Flächen weniger, dunkle Flächen kommen hervor, die die Wärme aufnehmen. Es werden dadurch nicht nur weniger Sonnenstrahlen reflektiert. Die dunklen Flächen werden immer wärmer und bewirken, dass das Eis noch schneller schmilzt … Inzwischen befürchten einige Wissenschaftler, dass das Klima bereits zu kippen begonnen hat; es ist also allerhöchste Zeit, dass wir etwas gegen den Klimawandel unternehmen! Der Verlust der Gletscher ist nur ein Kipp-Szenario. Die Permafrostböden tauen, die Wälder nehmen weniger CO_2 auf … Wenn nur ein Kipp-Punkt überschritten wird, droht, wie beim Dominospiel, eine Kettenreaktion mit ungewissen Folgen.

Klimaschutz in Städten und Gemeinden

Städte und auch kleinere Gemeinden können viel für den Klimaschutz tun:

Eine Stadt, die sich dafür einsetzt, dass die Bürger mit Bus, Straßenbahn, U-Bahn und mit dem Fahrrad fahren, unterstützt eine klimafreundliche Mobilität. Auch beim Strom können Städte und die Bürger, die darin leben, das Klima schonen, wenn sie elektrische Energie nutzen, die mit Wasserkraft oder Windenergie erzeugt wurde.

Gemeinsam sind wir stärker – das gilt auch für Städte! Im Jahr 1990 haben in Frankfurt am Main die Vertreter von zwölf Städten aus Deutschland, Österreich und der Schweiz und Vertreter der indigenen Völker am Amazonas den Verein **Klima-Bündnis e. V.** gegründet. Heute, nach mehr als 30 Jahren, ist der Verein in 26 Ländern in Europa aktiv und hat mehr als 1700 Mitglieder.

Das Ziel des Vereins: Die Klima-Bündnis-Städte wollen alle fünf Jahre zehn Prozent weniger Treibhausgase produzieren.

Um den Lebensraum der indigenen Völker im Amazonasbecken zu schützen, verpflichten sich die Mitglieder, kein Tropenholz, sondern nur FSC-zertifizierte Hölzer, das heißt Hölzer aus Wäldern, die nachwachsen, zu verwenden. FSC ist die Abkürzung von Forest Stewardship Council.

Klimanotstand in Europa

Bis Ende 2020 haben mehr als 70 Städte in Deutschland den Klimanotstand erklärt, darunter viele Städte, die zum Klima-Bündnis gehören. Wenn eine Stadt den Klimanotstand ausruft, bedeutet das nicht, dass hier das Klima besonders schlecht ist. Die Aktion will vor allem darauf hinweisen, wie wichtig das Problem ist! Die Klimanotstand-Aktion hat Schule gemacht: Am 28. November 2019 rief das Europäische Parlament den Klimanotstand für Europa aus.

An diesem Logo erkennst du Produkte, die aus FSC-zertifiziertem Holz erzeugt wurden.

Taten statt Warten

Viele Städte in Europa setzen ihre Klimaschutzkonzepte bereits um: Die Lösungen reichen von begrünten Dächern und Fassaden über mehr Radwege und kostenlosem Nahverkehr, Trinkwasserspendern auf öffentlichen Plätzen bis hin zu Häusern mit Solardächern, die ihre selbst erzeugte Energie für kalte Wintertage speichern.

Von Bayern bis Schleswig-Holstein – Klimaschutz in den Bundesländern

Bayern, Nordrhein-Westfalen, Hessen, Sachsen, Hamburg ... Wer in Deutschland lebt, lebt in einem von 16 Bundesländern. Jedes Bundesland hat ein Parlament, das über Gesetze entscheidet. Seit einigen Jahren gibt es in den einzelnen Bundesländern Gesetze und Regelungen zum Klimaschutz. Wie in den Städten versuchen die Landesregierungen die Regionen fit für die Veränderungen, die der Klimawandel mit sich bringt, zu machen – Anpassung ist eine der beiden Strategien. Bei der anderen Strategie, die nachhaltig helfen soll, geht es darum, dass weniger Treibhausgase in die Atmosphäre kommen.

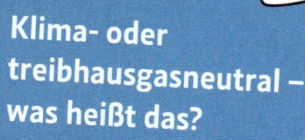

Klima- oder treibhausgasneutral – was heißt das?

„Ich bin hier neutral", sagt man, wenn man sich aus einem Streit heraushalten will. Man hält sich heraus, es ändert sich nichts. Ähnliches gilt auch für den Begriff „klimaneutral". Etwas „klimaneutral" zu produzieren, bedeutet, dass eine Fabrik nachwachsende Rohstoffe und umweltfreundliche Energie verwendet. So entstehen keine klimaschädlichen Gase. Leider können viele Firmen ihre Produktion nicht so leicht klimafreundlich gestalten. Sie produzieren weiterhin Klimagase. Um den Schaden wieder gutzumachen, unterstützen sie Projekte in anderen, meistens ärmeren Ländern, die dort das Klima schützen, zum Beispiel Aufforstungsprojekte im Amazonas. Diese Strategie nennt man Kompensation (mehr dazu auf Seite 59).

SAFE THE PLANET

In **Bayern** sieht ein Gesetzesentwurf vom Mai 2020 vor, dass bis zum Jahr 2030 der Ausstoß von Treibhausgasen um 55 Prozent gesenkt werden soll – im Vergleich zu der Menge vom Jahr 1990. Bis spätestens 2050 soll Bayern klimaneutral werden.

Doch schon jetzt müssen die Menschen mit den Klimaveränderungen klarkommen – Stichwort „Anpassung". Die Bayerische Staatsregierung setzt sich für Projekte ein, die vor Trockenheit und Dürre, vor Schädlingen und neuen Krankheitserregern schützen, und auch die Gefahr von Hochwasser soll vermindert werden.

Die durch den Klimawandel verursachte Dürre und Trockenheit ist ein großes Problem für die Landwirtschaft.

Hochwasser am Tegernsee in Bayern

Die übrigen Bundesländer haben ähnliche Klimaziele und Strategien: **Schleswig-Holstein**, dem nördlichsten Bundesland, ist der Schutz der Küsten an der Nord- und Ostsee besonders wichtig. Um das Land vor Sturmfluten zu bewahren, werden die Deiche erhöht. Um nachhaltige Ziele geht es im Energiewende- und Klimaschutzgesetz von 2017: Es sieht vor, dass in Schleswig-Holstein die Treibhausgasemissionen bis 2050 um 80 bis 95 Prozent gesenkt werden.

Hier wird ein Deich erhöht zum Schutz vor Überflutung.

Wie **Bayern** will auch **Hessen**, ein Bundesland in der Mitte Deutschlands, klimaneutral werden, und zwar bis zum Jahr 2050. Das sieht der Integrierte Klimaschutzplan Hessen 2025 (IKSP) vor.

Berlin bestimmt:
Die Klimapolitik der Bundesregierung

Noch wichtiger als die Gesetze der Bundesländer sind die Gesetze der Bundesregierung. Seit dem 18. Dezember 2019 gibt es ein Klimaschutzgesetz für ganz Deutschland. Das Ziel des Gesetzes ist: Deutschland soll bis zum Jahr 2050 treibhausgasneutral werden! Und bereits 2030, in weniger als zehn Jahren, soll Deutschland 55 Prozent weniger Treibhausgase ausstoßen als noch im Jahr 1990.

Wasserkraftwerk in Heidelberg

Wie sollen wir das schaffen? Das Klimaschutzgesetz regelt, wie das Ziel erreicht werden soll. Dabei hat jeder Bereich, zum Beispiel die Landwirtschaft oder der Verkehr, eigene Klimaziele.

Wasserkraft, Windkraft, Biogas ... Wir sind auf einem guten Weg. Im Jahr 2020 wurde mehr als die Hälfte des Stroms umweltfreundlich erzeugt. Und der „Rest"? Der übrige Strom stammt aus einem Mix aus Kernenergie, also Strom, der in Kern- oder Atomkraftwerken erzeugt wird, sowie aus Gas- und Kohlekraftwerken. Dazu kommt, dass viele Häuser mit Erdgas oder Erdöl beheizt werden und die meisten Autos mit Benzin oder Diesel fahren.

Wie kann Deutschland trotzdem klimaneutral werden? Es gibt zwei Wege. Ein Weg ist der Ausgleich der Schäden, die durch das CO_2 entstehen, also die Kompensation.

Firmen, die mit klimaschädlichen Energieträgern wie Heizöl, Erdgas, Benzin und Diesel handeln, müssen ab 2021 für die Treibhausgase,

Biogasanlage

die ihre Produkte verursachen, spezielle Zertifikate vom Staat kaufen. Das Geld, das der Staat dadurch erhält, kommt in den Energie- und Klimafonds (EKF). Das ist ein „Finanztopf", der umweltfreundliche Energien unterstützt.

Doch das reicht nicht: Die Bundesregierung fördert Projekte, die helfen, dass weniger Treibhausgase entstehen: Das Bahnfahren soll billiger werden, das Fliegen teurer, auch Elektroautos und wasserstoffbetriebene Autos werden gefördert.

Prinzip der Klimakompensation

Der europäische Grüne Deal: Die Klimapolitik der Europäischen Union (EU)

27 Staaten in Europa bilden die Europäische Union. Mit fast 450 Millionen Einwohnern leben und arbeiten in der EU nicht nur viele Menschen, es werden leider auch viele Treibhausgase erzeugt!

Um die Menschen, ihre Kultur und die Wirtschaft der Länder zu schützen, hat die Kommission der Europäischen Union Ende 2019 ein Klimaschutzgesetz vorgeschlagen, den europäischen Grünen Deal. Grüner Deal, was ist das? Deal ist Englisch und bedeutet übersetzt „Geschäft" oder „Handel". Mit dem Grünen Deal will die Politik nicht nur das Klima schützen, sondern Unternehmen fördern, die mit modernen Technologien das Klima schonen. So sollen in Europa viele neue, moderne Arbeitsplätze entstehen.

Mit dem EU-Klimaschutzgesetz verpflichtet sich die Europäische Gemeinschaft, dass die EU bis 2050 klimaneutral wird. Der Deal besagt, dass die gesamte Wirtschaft in allen Ländern daran mitarbeiten muss und dafür auch Geld bekommt.

Vereinte Nationen (UNO):
Klimapolitik für die ganze Welt

Überall auf der Welt ändert sich das Klima, alle Lebensräume sind in Gefahr. Deshalb sind hier die Vereinten Nationen, auch United Nations Organization (UNO) genannt, gefragt. In den Vereinten Nationen sind fast alle Länder der Welt vertreten, um Kriege zu vermeiden, den Hunger in der Welt zu bekämpfen und vieles mehr. Seit Ende des letzten Jahrhunderts ist auch der Klimaschutz eine wichtige Aufgabe der UNO.

Vertreter aus 178 Ländern trafen sich erstmals im Jahr 1992 in **Rio de Janeiro** zu einer großen Konferenz, um über die Umweltpolitik in den Industrieländern und die Entwicklungspolitik der armen Länder zu sprechen und Lösungen zu finden. Das Ergebnis war die Agenda 21. Agenda kommt aus dem Lateinischen und heißt übersetzt „das, was getan werden muss". Die Agenda 21 besagt, dass die Industrieländer die Umwelt schützen und die weniger entwickelten Länder mehr Geld für die Bildung und Gesundheit ausgeben sollen.

Die internationale Klimakonferenz in **Kyoto**, Japan, im Jahr 1997 gilt als ein Meilenstein. Ihr Ergebnis ist das **Kyoto-Protokoll**. Darin verpflichteten sich die Industrieländer, dass sie bis zum Jahr 2012 5,2 Prozent weniger Treibhausgase (verglichen mit 1990) produzieren. Obwohl die USA das Kyoto-Protokoll nie unterzeichneten, gilt es als Erfolg: Die Industrieländer, die mitmachten, konnten ihre Emissionen bis 2012 um 20 Prozent senken!

Wie sollte es nach 2012 weitergehen? Auf der Klimakonferenz in **Doha**, Katar, im Jahr 2012 wurde das Kyoto-Protokoll bis 2020 verlängert. Doch auch hier gab es Rückschläge: Japan, Kanada, Neuseeland und Russland traten aus dem Kyoto-Protokoll aus!

Streitpunkt Klimaschutzabkommen

Hallo Leute, habt ihr eine Ahnung, warum viele Länder bei Klimaschutzabkommen nicht mitmachen oder austreten? Bei vielen Ländern, wie zum Beispiel Kanada, liegt es vor allem an der Wirtschaft: Die Politiker wollen die Unternehmen ihres Landes unterstützen und nicht mit Regelungen für den Klimaschutz einschränken.

Wie sollte es nach 2020 weitergehen? Das besprachen die Politiker auf der Weltklimakonferenz im Jahr 2015 in Paris. Dort wurde das **Paris-Abkommen** beschlossen: Es besagt, dass die globale Erwärmung auf unter zwei Grad, besser noch unter eineinhalb Grad, im Vergleich zu 1880, als es noch keine moderne Industrie gab, begrenzt werden soll. Damit auch ärmere Länder einen besseren Klimaschutz bekommen können, geben ihnen die Industrieländer 100 Milliarden Dollar.

Bis heute haben fast alle Staaten, darunter die wichtigsten Industrienationen, wie die Länder der Europäischen Union, Indien, China und die USA, das Paris-Abkommen unterzeichnet. Aber auch hier gibt es einen Rückschlag: Die USA sind 2019 aus dem Abkommen ausgetreten. An seinem ersten Amtstag hat US-Präsident Joe Biden die Rückkehr der USA in das Pariser Abkommen angekündigt. Seit dem 19. Februar 2021 sind die USA wieder offiziell dabei.

Das können WIR tun, um das Klima zu retten!

Aber nicht nur die Politik muss versuchen, Strategien gegen die Klimaerwärmung festzulegen, auch du kannst viel dazu beitragen, dass der Klimawandel gestoppt wird, lies selbst!

Kinder leiden am meisten – heute und in der Zukunft

Viele Kinder in den ärmeren Regionen der Erde erleben schon heute die Auswirkungen des Klimawandels. Weniger Regen, das bedeutet dort oft weniger Essen. Der Körper von Kindern braucht aber ständig Nahrung, damit er sich gut entwickeln kann. Durch den Klimawandel können sich auch Krankheitserreger leichter vermehren. Und da Kinder noch nicht so widerstandsfähig sind, werden sie leichter krank. Krank sein und Hunger haben ist schlimm, es tut oft sogar weh.

Und nicht nur jetzt verschlechtert sich das Leben von Kindern: Die Kinder von heute sind die Erwachsenen von morgen. Wenn wir weiterhin so viel schädliche Treibhausgase produzieren, kann es passieren, dass es auf der Erde in 70 Jahren vier Grad wärmer ist als jetzt, warnen die Wissenschaftler! Das heißt, dass ein Kind, das jetzt geboren wird, in einer Welt mit einem ganz anderen Wetter und Klima leben wird. Darauf sind wir nicht vorbereitet!

Kinder und Jugendliche aktiv für den Klimaschutz

Politisch für den Klimaschutz aktiv werden: Fridays for Future

„Skolstrejk för klimatet", also „Schulstreik fürs Klima", schrieb im Sommer 2018 die damals 15-jährige Schwedin Greta Thunberg auf ein großes Stück Pappe und setzte sich damit jeden Freitag vor das schwedische Parlament.

Ihr Ziel ist es: Durch ihren Schulstreik wollte sie die Politiker in Schweden auffordern, den Klimawandel ernst zu nehmen und dafür zu sorgen, dass das Eineinhalb-Grad-Ziel der Klimakonferenz von Paris eingehalten wird.

Greta Thunberg, die schwedische Klimaschutzaktivistin

Im August plante sie noch, mit ihrer Streikaktion nur bis zur Wahl des schwedischen Parlaments Anfang September 2018 weiterzumachen, aber es kam anders … Greta hat über die sozialen Medien, über Twitter und Instagram, auf ihre Aktion aufmerksam gemacht; die Zeitungen und das Fernsehen haben darüber berichtet und immer mehr Kinder und Jugendliche schlossen sich Greta an. Zuerst in Stockholm, dann auch außerhalb Schwedens!

So kam es, dass aus Gretas Protest eine weltweite Bewegung **Fridays for Future (FFF)**, was auf Deutsch „Freitage für die Zukunft" heißt, entstand.

Heute, mehr als zwei Jahre nach Gretas Aktion vor dem schwedischen Reichstag, gibt es Fridays-for-Future-Organisationen nicht nur in Europa, sondern auch auf anderen Kontinenten, wie in Amerika und Asien. Fridays for Future ist eine Bewegung, die in den Medien sehr viel Aufmerksamkeit bekommt. Im Internet, im Fernsehen und in den Zeitungen wird laufend darüber berichtet. Warum? Schulstreiks gab es schon früher, etwa für bessere Lernbedingungen. Neu an Fridays for Future ist, dass sich Kinder und Jugendliche für ein Thema einsetzen, das die Menschen weltweit, egal, ob jung oder alt, betrifft. Noch nie zuvor haben sich in so vielen Ländern so viele Kinder und Jugendliche so entschieden zu einer politischen Frage geäußert.

Greta Thunberg ist inzwischen weltbekannt: Sie ist bei internationalen Konferenzen wie zum Beispiel UN-Klimakonferenzen oder beim Weltwirtschaftsgipfel in Davos eingeladen und hält dort Reden. Wie ernst ihr das Thema ist, zeigte sie auch, als sie 2019 zur Climate Week (auf Deutsch Klima-Woche) der Vereinten Nationen in New York den Atlantik nicht mit dem Flugzeug, sondern klimafreundlich mit einem Segelboot überquerte.

Willst du bei Fridays for Future mitmachen? Überlege es dir gut. In Deutschland herrscht Schulpflicht. Es ist also verboten, während der Schulzeit nicht in die Schule zu gehen und stattdessen an einem Streik teilzunehmen.

Schüler demonstrieren bei Fridays for Future.

Klimaschutzgesetz und Kohleausstieg – Erfolge von FFF?

Seitdem Kinder bei Fridays for Future demonstrieren, hat die Politik in Deutschland wichtige Beschlüsse für den Klimaschutz gefasst: Seit Dezember 2019 ist in Deutschland nicht nur das Klimaschutzgesetz in Kraft getreten, am 3. Juli 2020 wurde auch der Kohleausstieg beschlossen: Ab dem Jahr 2035 darf in Kraftwerken keine Kohle mehr verbrannt werden, um so Strom zu erzeugen.

Bei Umweltschutzorganisationen mitmachen – BUNDjugend, Greenpeace-Jugend

Während sich Fridays for Future auf das Thema Klimawandel konzentrieren, beschäftigen sich die Kinder und Jugendlichen, die bei der **BUNDjugend** mitmachen, mit vielen Themen, zum Beispiel Mobilität, Ernährung & Landwirtschaft, Digitalisierung, Konsum, Atommüll und – natürlich – Klima und Energie.

Die BUNDjugend ist die Jugendorganisation des Bund Naturschutz in Bayern. Hier gibt es – neben den Gruppen für Erwachsene – auch Gruppen für Kinder und Jugendliche. Du möchtest mitmachen?

Frage bei deiner Bund-Naturschutz-Ortsgruppe nach einer Kindergruppe! Hier kannst du die Natur kennen- und verstehen lernen – das Spielen und Experimentieren steht hier im Mittelpunkt.

Aktivisten der BUNDjugend protestieren mit einer Bade-Aktion gegen das Klimapaket der deutschen Bundesregierung. Dabei wurde ein symbolisches Klimapaket zu Wasser gelassen und mit neuen Forderungen an Politiker übergeben.

Seit 1980 gibt es **Greenpeace** in Deutschland, seit 1997 ist in Deutschland die Greenpeace-Jugend mit Jugendaktionsgruppen (JAGs) in rund 45 Städten aktiv. Meere und Wale, Wald und Urwald, Landwirtschaft, Energie, Umwelt und Konsum, Müll, Tierschutz und Klima – ähnlich wie der BUND setzt sich Greenpeace für den Umweltschutz ein; der Klimaschutz gehört – natürlich! – dazu. Du willst dabei sein? Jugendliche zwischen 14 und 19 Jahren können bei den Greenpeace-Jugendgruppen mitmachen, Jüngere, also Kinder und Jugendliche zwischen neun und 14 Jahren, können sich in Greenteams organisieren und dort für mehr Klima- und Umweltschutz aktiv werden.

So schützen Bäume das Klima

Jeder Baum braucht nicht nur Wasser und Sonnenlicht zum Leben. Bäume „atmen" CO_2 ein. Wenn es hell ist, also bei Sonnenlicht, wandeln sie Wasser (H_2O), CO_2 und Licht in Sauerstoff (O_2) und Glukose (Zucker), also Kohlenhydrate, um. Die Glukose ist der Energieträger, den die Bäume zum Wachsen brauchen. Den Sauerstoff brauchen sie nicht – sie „atmen" ihn einfach wieder aus. Bäumen nehmen also das klimaschädliche CO_2 auf. Je schneller ein Baum wächst, umso mehr CO_2 entzieht er der Atmosphäre!

Sonnenlicht

CO_2

O_2

Zucker

H_2O

Mehr Klimaschutz in der Schule

Überall, also bei allem, was wir tun, verbrauchen wir Energie. Woher die Energie kommt, hat einen entscheidenden Einfluss auf das Klima. Weißt du, woher der Strom für deine Schule kommt? Gibt es in deiner Schule Bio-Essen aus der Region? Rund um die Schule und das Lernen gibt es viele Möglichkeiten, Energie zu sparen und viel für das Klima zu tun.

Wie anfangen? Was tun? Die Antworten darauf könnt ihr zusammen mit jungen, engagierten Experten der BUNDjugend an eurer Schule herausfinden. In dem Projekt „Klasse Klima – her mit der coolen Zukunft!" könnt ihr euch während eines Projekttags mit jungen Experten rund um die Themen Mobilität, Ernährung, Konsum und Energie austauschen.

Noch mehr Lust auf Klimawissen? Du möchtest an deiner Schule etwas für den Klimaschutz tun? Dann gründe mithilfe der Klimaexperten der BUNDjugend eine Arbeitsgemeinschaft (AG) zum Klimaschutz an deiner Schule! Nachfolgend einige Ideen, die du in der Klima-AG an deiner Schule umsetzen kannst.

Ernährung

Regional statt exotisch: Macht den Essens-Check: Gibt es in eurer Schule regionales Essen in Bio-Qualität? Sammelt Ideen, wie ihr mehr Bio-Essen aus der Region in der Mensa und am Kiosk bekommen könnt! In vielen Orten gibt es Bäcker, die Backwaren in Bio-Qualität herstellen – recherchiert und fragt bei Bäckern an,

Regionales und ökologisch erzeugtes Mensaessen schmeckt gut und ist gut für das Klima!

ob sie euren Kiosk beliefern wollen. Für das Mittagessen könnt ihr, wenn an eurer Schule frisch gekocht wird, einen Lieferdienst für Bio-Produkte aus der Region recherchieren. Wenn dagegen das Essen fertig von einer Großküche geliefert wird, könnt ihr einen Catering-Service aus der Region, der mit ökologisch erzeugten Lebensmitteln kocht, ausfindig machen.

Testet mit euren Eltern und Lehrern einige Gerichte, bevor ihr euch für einen Anbieter entscheidet! Doch wichtig ist nicht nur, auf welche Weise Lebensmittel erzeugt werden, sondern auch, was man isst. Vegetarisch schmeckt gut, es ist gesund und klimafreundlicher – bittet also eure Mensa-Köche, mehr vegetarische Gerichte in der Woche anzubieten.

Heizung

Energie sparen leicht gemacht: Ernennt in den Klassen-Heizungs-Checker, die darauf achten, dass die Heizkörper nach dem Unterricht abgedreht werden.

Elektrizität

Woher kommt der Strom in eurer Schule? Viele Schulen haben inzwischen Solarmodule auf dem Dach und produzieren ihren Strom selbst! Falls ihr noch keine Solarmodule auf dem Dach habt, könnt ihr bei eurer Schulleitung nachfragen, ob es dafür Pläne gibt und was ihr dazu beitragen könnt, dass eure Schule Solarstrom erzeugt.

Klima-Vorbild: Katholische Grundschule St. Marien in Berlin mit Solarzellen

Konsum

Tauschen statt kaufen: Kleidertauschpartys machen (fast) genauso viel Spaß wie Shoppen – und das ohne Geld auszugeben!

Verschenken statt wegwerfen: Organisiert ein Umsonst-Regal, in das ihr Dinge stellen könnt, die ihr nicht mehr braucht: Wer etwas haben will, kann es mitnehmen!

Spenden statt wegwerfen: Viele Kirchengemeinden suchen für ihre Tombolas Sachspenden. Anstatt deine alten Bücher und Spielzeug wegzuwerfen, kannst du sie dort abgeben und anderen Kindern eine Freude machen!

Reparieren statt neu kaufen: Die Gangschaltung deines Fahrrads funktioniert nicht mehr richtig? Die Nähte deiner Schultasche sind nicht mehr ganz in Ordnung? Dann organisiere mit deinen Mitschülern ein Repair-Café an deiner Schule! In einem Repair-Café reparieren ehrenamtlich, also umsonst, geschickte Handwerker und Handwerkerinnen alles, was kaputt ist, zum Beispiel Kleidung, Möbel, elektrische Geräte, Fahrräder, Spielzeug und vieles mehr. Dass man beim Reparieren sehr viel über Technik lernen und noch dazu Spaß haben kann, zeigen die vielen Reparatur-Initiativen, die es bereits an Schulen in Deutschland gibt!

Recyclingpapier statt neues Papier: Hefte, Bücher, Zeitschriften, Briefe, Zettel … Alles ist aus Papier! Kaum jemand ist sich bewusst, wie viel Energie und Rohstoffe darin stecken. Ein Vergleich: Um 1000 Blatt DIN-A4-großes Papier herzustellen, wie man es für den Drucker braucht, benötigt man fast 15 Kilogramm Holz, 260 Liter Wasser und mehr als 50 Kilowattstunden Strom; dabei kommen 5,3 Kilogramm CO_2 in die Luft. Für die gleiche Menge Recyclingpapier reichen 5,6 Kilogramm Altpapier, etwas mehr als 100 Liter Wasser, rund 21 Kilowattstunden Strom; dabei entstehen 4,4 Kilogramm CO_2. Ein klarer Sieg für das Recyclingpapier, das inzwischen genauso gut wie neues Papier ist. Es gibt nicht nur Hefte und anderen Schulkram aus Recyclingpapier; deine Familie kann Recyclingpapier-Toilettenpapier, -Küchenrollen und -Taschentücher kaufen!

> Achtet beim Recyclingpapier auf den Blauen Umweltengel!

Blauer Umweltengel

Bei Recyclingpapier mit dem Blauen Umweltengel werden keine schädlichen Chemikalien eingesetzt.

Mobilität

Klimasmarte Kids brauchen das „Elterntaxi" nicht. Am einfachsten und sichersten ist es, wenn ihr in der Gruppe zu Fuß zur Schule und nach der Schule wieder nach Hause geht. Doch was tun, wenn die Schule weiter weg ist? Das Fahrrad ist eine gute Alternative! Wichtig ist, dass es genügend Fahrradständer an eurer Schule gibt, unter denen eure Räder auch bei Regen trocken bleiben. Schlechtes Wetter? Warum nicht mit den Schulkameraden mit dem Bus oder anderen öffentlichen Verkehrsmitteln zur Schule fahren!

Mit dem Fahrrad in die Schule zu fahren ist cool und gut fürs Klima!

Müll

Papier in die Papiertonne, Plastik in die Plastiktonne, Batterien in die Batterienbox … Gibt es in deiner Klasse mehrere Müllboxen, in denen ihr den Müll getrennt sammeln könnt? Organisiert Boxen, am besten in verschiedenen Farben: Blau für Papier, Grau für Restmüll, Gelb für Wertstoffe und Braun für Bioabfälle. Die Bioabfälle könnt ihr im Schulgarten kompostieren! Im Bio-Unterricht oder eurem Schulgarten-Projekt könnt ihr selbst einen Komposthaufen anlegen und pflegen – fragt euren Bio-Lehrer dazu!

Schulgarten

Holt euch mit einem Schulgarten ein Stück Natur in die Schule: Hier könnt ihr viel unternehmen, zum Beispiel im Werkunterricht aus alten Paletten Hochbeete bauen, Obst und Gemüse anpflanzen und ernten. Einige Schulen gestalten Biotope, also Lebensräume für verschiedene Tiere und Pflanzen, oder halten sogar Bienen!

Ein Bienenstock im Schulgarten unterstützt die Überlebenschancen der Bienen.

Prima Klima zu Hause

Mach den Check – wie groß ist dein ökologischer Fußabdruck?

Wie sieht es bei dir zu Hause aus? Weißt du, wie viel Energie du verbrauchst? Wie klimafreundlich ist deine Familie? Es gibt eine gute Nachricht: Die Haushalte, also dort, wo eine oder mehr Personen leben, verbrauchen in den letzten 30 Jahren immer weniger Energie. Wie das? Wir haben modernere und sparsamere Elektrogeräte, unsere Häuser sind gedämmt und man muss nicht mehr so viel heizen – so sparen wir Energie! Und das, obwohl viele Menschen heute in größeren Wohnungen als früher leben.

Wie sieht es bei dir aus? Vielleicht bist du oder ist deine Familie bereits jetzt gut dabei, wenn es um den Klimaschutz geht. Um das herauszufinden, miss doch mal deinen ökologischen Fußabdruck! Der ökologische Fußabdruck ist ein Symbol, das zeigt, wie viel Energie und Ressourcen wir verbrauchen. Er sagt auch, ob und wie sehr jeder von uns mit seiner Art und Weise zu leben dem Planeten schadet.

Verkehr, Essen, Wohnen ... Der ökologische Fußabdruck bewertet, wie sich alles auf das Klima auswirkt, und rechnet es zusammen. Dann ermittelt er, wie viel Platz man auf der Erde braucht, um die Energie dafür zu erzeugen und die Rohstoffe zu gewinnen. Im letzten Schritt veranschlagt er, wie groß die Erde sein müsste, wenn jeder Mensch auf der Erde so leben würde wie du und viele andere – mit Handy, Laptop, Auto ...

Lebensraum gesucht!

Mein ökologischer Fußabdruck ist klein, aber berechnet doch mal euren! Durch den Klimawandel verliere ich bald bis zu 75 Prozent meines Lebensraumes. Wo soll ich denn dann leben?

So berechnest du deinen ökologischen Fußabdruck:

Unter www.fussabdruck.de findest du den Rechner der Organisation Brot für die Welt. Wenn du deinen ökologischen Fußabdruck berechnen lassen willst, brauchst du nur 13 einfache Fragen zu beantworten, zum Beispiel, wie oft du Fleisch oder Fisch isst, ob du mit dem Auto fährst, wie häufig du fliegst und vieles mehr. Mit einem Klick erhältst du danach das Ergebnis: Du siehst, wie groß dein Fußabdruck im Vergleich zum Durchschnitt der Menschen ist, die in Deutschland leben. Dazu kommen Tipps, was du tun kannst, um das Klima noch mehr zu schützen.

Verzichten statt verbrauchen?

Hilfe, mein ökologischer Fußabdruck ist zu groß! Stimmt, das geht eigentlich jedem von uns so. Auch wenn wir noch so wenig verbrauchen, können wir es kaum schaffen, einen nachhaltigen Fußabdruck von 1,6 globalen Hektar zu erreichen. Was tun? Laptop, Auto, Handy ... Einfach weg damit? Das ist in unserer modernen Gesellschaft kaum möglich. Sehr viel besser ist es, wenn wir uns überlegen, wo wir unser Verhalten am wirkungsvollsten ändern können, um klimafreundlicher zu leben.

Kleine Schritte – große Wirkung: Ökologisch und nachhaltig konsumieren

Hier ein paar Tipps, wie du mit deiner Familie ökologisch und nachhaltig leben und dabei trotzdem viel Spaß haben kannst.

Gemüse und Obst statt Fleisch und Tierprodukte:
Fleisch, speziell Rindfleisch, und generell Tierprodukte wie Milch, Käse und vor allem Butter sind wahre Klimakiller. Wieso sind Rindfleisch und Butter besonders klimaschädlich? Bei der Herstellung von einem Kilogramm Rindfleisch entstehen rund 13 Kilogramm CO_2, bei einem Kilogramm Butter nicht ganz doppelt so viel, das heißt fast 24 Kilogramm CO_2! Warum? Kühe „pupsen" und „rülpsen" das Treibhausgas Methan, das das Klima sehr viel stärker schädigt als CO_2 (siehe auch Seite 23). Dazu kommt, dass die meisten Tiere in der Landwirtschaft, das heißt Rinder, Schweine und Hühner, mit Kraftfutter wie zum Beispiel Soja gemästet werden. Soja wird vor allem in Südamerika angebaut. Um mehr Platz für den Sojaanbau zu gewinnen, wird der Urwald gerodet. Seit Jahren verschwindet so immer mehr Urwald. Dadurch fehlen die Bäume, die CO_2 aus der Atmosphäre aufnehmen – ein Teufelskreis!

Macht's wie ich – esst nur Obst, Blätter, Pilze und Co.!

Methan

Methan

Klimakiller Landwirtschaft

Hättest du es gewusst? Nicht der Flugverkehr, sondern die Landwirtschaft ist am meisten „schuld" am Klimawandel. 30 Prozent aller Treibhausgase, die in die Atmosphäre gelangen, kommen aus der Landwirtschaft, vor allem aus der Tierhaltung. Aus dem Flugverkehr stammen nur rund zweieinhalb Prozent.

Hähnchen oder Schwein statt Rindfleisch: Du isst gerne Fleisch und kannst dir nicht vorstellen, darauf zu verzichten? Das geht vielen so! Es kommt nicht nur darauf an, ob du Fleisch isst. Es kommt auch auf die Fleischsorte an. Wenn du Hähnchen oder Schweinefleisch isst, verbrauchst du dreimal weniger CO_2, als wenn du Rindfleisch verzehrst.

Bio statt konventionell: Du hast Lust auf ein leckeres Steak? Auf Joghurt oder Müsli mit Milch? Dann greife am besten zu Bio-Produkten: Bio-Produkte schädigen die Umwelt weniger als konventionell erzeugte Produkte.

Bio-Lebensmittel erkennst du an diesem Logo.

Auf dem Bauernmarkt gibt es Obst und Gemüse direkt vom Erzeuger!

Bauernmarkt statt Discounter: In vielen Städten gibt es Bauernmärkte, auf denen Landwirte im Wochenrhythmus Produkte der Region günstig anbieten. Wie wäre es mit einem gemeinsamen Ausflug mit dem Rad zu einem Bauernmarkt? Die Produkte sind immer frisch und köstlich.

Aufessen statt wegwerfen: Keine Lust auf das Essen vom Vortag? Aufwärmen, nein danke? So denken viele. Die Folge: Sehr viele Lebensmittel, die noch sehr gut essbar sind, landen im Müll. Mach es besser und iss auf. Damit sparst du nicht nur Geld, sondern auch Energie, um neues Essen zuzubereiten.

Trinkflasche statt Einwegflasche: Trinken ist wichtig, gerade im Sommer, wenn es heiß ist. Statt immer wieder Getränke in neuen Flaschen zu kaufen, kannst du Trinkflaschen verwenden. Besonders praktisch sind Thermo-Trinkflaschen – sie halten dein Getränk mehrere Stunden kalt oder warm. Wenn du sie ausgetrunken hast, kannst du sie in der Spülmaschine säubern.

Kaninchen als Haustiere sind klima-freundlich, da sie nur Pflanzen fressen.

Kaninchen statt Katze:
Wünschst du dir ein Haustier?
Eines zum Kuscheln?
Überlege, bevor du ein Tier anschaffst:
Pflanzliches Futter ist nicht nur günstiger als tierisches Futter, es ist auch sehr viel klimafreundlicher.

Kaninchen im Garten

Kaninchen sind Wildtiere, die sich draußen am wohlsten fühlen. Wenn du die Tiere im Frühling an das Leben draußen gewöhnst, kannst du sie ganzjährig im Garten halten. Wichtig ist, dass du einen Stall für sie hast, in dem sie geschützt sind, und ein Freilauf-Gehege, das auch nach oben hin geschlossen ist. So können die Kaninchen nicht ausbüxen und sind auch vor Feinden, wie zum Beispiel dem Marder, geschützt. Wenn du das Gehege mit dem Stall regelmäßig ein Stück verrückst, halten die Kaninchen das Gras in deinem Garten kurz – sie sind lebendige Rasenmäher!

Duschen statt baden: Wasser zu erwärmen, kostet viel Energie. Bei einem Wannenbad verbrauchst du ungefähr dreimal mehr Energie und Wasser als bei einer erfrischenden Fünf-Minuten-Dusche.

Leihen statt kaufen: Bohrmaschine, Heckenschere, Rasenmäher … Bevor deine Familie solche Geräte neu kauft, könnt ihr in der Nachbarschaft fragen – viele Leute verleihen Dinge gerne und freuen sich auch, wenn sie sich etwas ausborgen können. Es gibt im Internet Plattformen, die die Nachbarn vernetzen. Hier könnt ihr anderen mitteilen, wenn ihr ein Gerät braucht oder bereit seid, Nachbarn ein Gerät zu borgen, zum Beispiel bei www.nebenan.de.

Duschen ist viel klimafreundlicher als baden und macht auch Spaß!

Gebraucht statt neu: Möbel, Fahrräder, Bücher … Vieles ist gebraucht (fast) so gut, wie wenn man es neu anschafft. Bevor du das nächste Mal etwas kaufst, solltest du dir überlegen, ob du dasselbe Ding nicht auch gebraucht bekommen kannst. Das spart nicht nur viel Geld, sondern auch Energie und damit Treibhausgase!

Tauschen statt shoppen: Welcher Style passt am besten zu mir? Klamotten zu probieren macht Spaß! Aber müssen es immer neue Klamotten sein? Am besten, du fragst deine Eltern, ob du mit deinen Freunden eine Kleidertauschparty veranstalten darfst.

Fahrrad statt Flugzeug: Fliegen ist schlecht für das Klima! Wie wäre es mit einem Fahrradurlaub in deiner Region? Auch an den Wochenenden kann man gut aufs Auto verzichten: Die Bahn bietet günstige Tickets für Leute, die in der Region in der Gruppe oder als Familie unterwegs sind.

Ausschalten statt Standby: Drückst du beim Fernseher auf den Aus-Knopf, anstatt ihn komplett auszuschalten? Das ist keine gute Idee! Der Fernseher läuft im Standby-Modus weiter und verbraucht Energie. Der Strom, der dabei verbraucht wird, kostet nicht nur viel Geld. Er belastet auch die Umwelt! Das gilt auch für das Licht, den Fernseher, den Computer ... Schalte das Licht nur in den Räumen ein, wo du dich aufhältst. Oder, andersherum ausgedrückt: Schalte das Licht und alle anderen Geräte aus, wenn du aus dem Zimmer gehst.

Kompensieren statt (mehr) konsumieren: Bevor du dir wieder etwas kaufst, solltest du mit deiner Familie euren ökologischen Fußabdruck unter die Lupe nehmen und versuchen, eure Klimaschäden auszugleichen, also wiedergutzumachen, indem ihr etwas für die Natur tut. Wenn ihr einen Garten habt, könnt ihr einen oder mehrere Bäume pflanzen oder zusammen mit euren Eltern bei einem Naturschutzprojekt, zum Beispiel beim Bergwaldprojekt (www.bergwaldprojekt.de), mitmachen: Beim Bergwaldprojekt gibt es

Familienprojekte, in denen ihr gemeinsam etwas für die Natur tun könnt, zum Beispiel im Wald Bäume pflanzen. Oder ihr könnt Klimaschutzprojekte unterstützen, die das für euch tun – ihr müsst nur dafür bezahlen. Welche Projekte dafür gut geeignet sind, erfahrt ihr in der Broschüre Freiwillige CO_2-Kompensation durch Klimaschutzprojekte, die ihr auf der Homepage des Umweltbundesamts (www.umweltbundesamt.de) kostenlos herunterladen könnt.

Gemeinsame Aktion: Bäume pflanzen!

Geo- und Climate-Engineering –
Klimaschutz durch modernste Technik

Wir machen einen Zeitsprung, zurück in die Zeit vor etwa 1880, als mit großen Fabriken immer mehr CO_2 und andere klimaschädliche Gase in die Atmosphäre kamen und der Klimawandel begann. Können wir in die Zeit von damals zurückkehren? Natürlich nicht wirklich. Aber wir können versuchen, die Atmosphäre zu „reparieren" und das Klima aus der Zeit, bevor es die moderne Industrie gab, wiederherzustellen. Das zumindest hoffen einige Wissenschaftler. Sie arbeiten an technischen Lösungen, mit denen sie den Klimawandel im großen Stil rückgängig machen oder wenigstens aufhalten können. Die Technologien, die man dabei einsetzt, nennt man Geo-Engineering oder Climate-Engineering. Mit diesen Begriffen bezeichnet man moderne Technologien, die im großen Stil helfen sollen, den Klimawandel zu verlangsamen oder rückgängig zu machen.

Weg mit dem Kohlenstoffdioxid!

Wir haben viel zu viel Kohlenstoffdioxid in der Atmosphäre. Wie wäre es, wenn wir es einfach aus der Atmosphäre herausnehmen und irgendwo speichern könnten, wo es nicht mehr gefährlich ist? Genau das ist eine der vielversprechendsten Ideen, die hinter einigen Geo-Engineering-Technologien steckt. Eines dieser Verfahren nennt man **CO_2-Abscheidung und -Speicherung**, auch **CSS** genannt. Diese Technologie soll dort eingesetzt werden, wo besonders viel CO_2 entsteht, also bei Kraft-

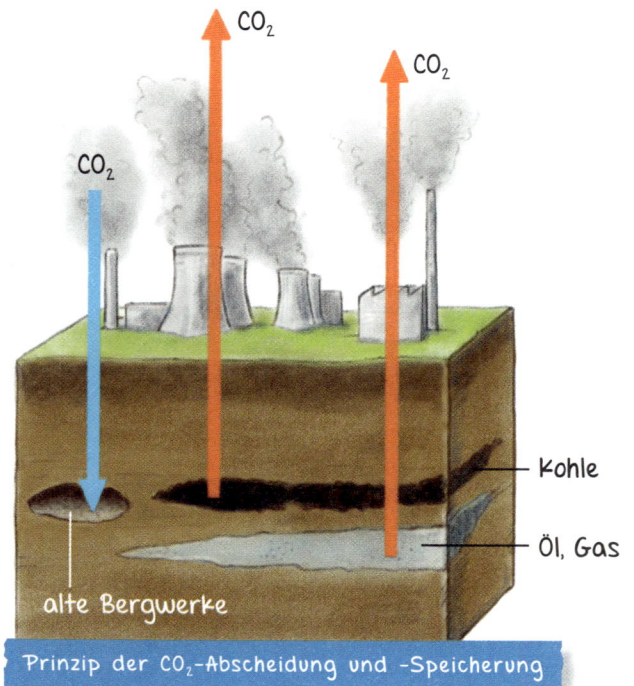

CO_2

CO_2

CO_2

Kohle

Öl, Gas

alte Bergwerke

Prinzip der CO_2-Abscheidung und -Speicherung

Start-up versteinert CO_2

Christoph Gebald und Jan Wurz-
bacher gründeten 2009 in Zürich
das Start-up Climeworks. Dieses
hat CO_2-Kollektoren entwickelt,
die Kohlenstoffdioxid aus der Luft
filtern. In Zusammenarbeit mit der
isländischen Firma Carbfix wird das
CO_2 sicher gespeichert, indem es
„versteinert": Dabei wird das CO_2 in
einer Geothermieanlage, also einer
Anlage, die Erdwärme nutzt, mit

Kollektoren des Schweizer
Unternehmens Climeworks

warmem Wasser gemischt und unter die Erde gepumpt. Dort reagiert das CO_2 mit dem
Basaltgestein und wird in weniger als zwei Jahren zu Stein. Dieses Verfahren ist sicher,
denn das CO_2 kann nicht wieder an die Oberfläche kommen.

werken. Und so geht es: Die Kraftwerke haben große Schornsteine, aus denen die Abgase,
darunter sehr viel CO_2, kommen. Man filtert das Kohlenstoffdioxid heraus und presst es
zusammen, sodass es flüssig wird. Danach bringt man es in unterirdische Lagerstätten,
zum Beispiel Bergwerke, die nicht mehr benutzt werden. Dort soll das Kohlenstoffdioxid
dauerhaft lagern.

Die Idee klingt gut, aber sie hat auch Nachteile: Man braucht sehr viel Energie, um das
Kohlenstoffdioxid zu speichern und zu lagern, was wiederum den Klimawandel verstärkt.
Dazu kommt, dass man noch nicht genug Erfahrung mit der Lagerung hat: Es könnte
passieren, dass es ein Leck gibt, das Kohlenstoffdioxid entweicht und in die Atmosphäre
gelangt.

Doch nicht nur in der Tiefe, auch an der Oberfläche kann man mithilfe von Steinen
Kohlenstoffdioxid aus der Luft holen. Wie funktioniert das? Steine verwittern mit der Zeit,
Stücke brechen ab, sie zerfallen nach und nach zu Sand und schließlich zu Staub.

Während sie verwittern, nehmen sie Kohlenstoffdioxid auf. Das passiert jeden Tag, es ist ein natürlicher Prozess. Wie wäre es, wenn man Steine dazu bringen könnte, noch mehr zu verwittern? Man macht die Steine so klein wie möglich! Das heißt, man zermahlt sie zu Gesteinsmehl und bringt sie auf die Äcker. Das **Verteilen von Gesteinsmehl** hat mehrere Vorteile: Es nimmt nicht nur das Kohlenstoffdioxid aus der Luft. Gesteinsmehl enthält Mineralien, so ist es auch ein Dünger! Ideal als Gesteinsmehl sind Basalt und Olivin, ein vulkanisches Gestein. Leider gibt es auch hier Nachteile: Um genügend

Steinmehl aus vulkanischem Basaltgestein verbessert die Bodenqualität und bindet Kohlenstoffdioxid.

Gesteinsmehl zu erhalten, müsste sehr viel davon abgebaut und zermahlen werden, doch Letzteres kostet sehr viel Energie! Dazu kommt, dass man sehr viel Ackerfläche braucht, um viel Kohlenstoffdioxid aus der Luft zu holen. Europa ist ein kleiner Kontinent, hier gibt es nicht so große Flächen. Man müsste diese Technologie in Ländern wie Asien und Amerika anwenden.

Ein Wald quer durch Afrika

Elf Länder in Afrika südlich der Sahara soll die **Great Green Wall** – was auf Deutsch „große grüne Mauer" heißt – von Ost- nach West-Afrika verbinden (von Dschibuti bis in den Senegal). Der 8000 Kilometer lange und 15 Kilometer breite Waldstreifen, der 2007 begonnen wurde, soll bis 2030 mehr als 100 Millionen Hektar unfruchtbares Land wieder fruchtbar machen. Bis jetzt wurden weit mehr als 100.000 Arbeitsplätze in der Landwirtschaft geschaffen.

Hier bekomme ich wieder meinen Lebensraum zurück!

Aufforsten in Chinas Bergen

Aufforsten ist gut für das Klima: Bäume nehmen Kohlenstoffdioxid auf und speichern es, darüber sind sich alle einig. Nicht ganz klar ist jedoch, wo es Sinn macht, Wälder anzupflanzen, und wie viel Kohlenstoffdioxid Wälder speichern können.

Dreifaches Nördliches Schutzgürtel-Programm heißt das weltweit größte Wiederaufforstungsprojekt, das im Norden Chinas liegt. Das neue Waldgebiet, das in den 1970er-Jahren angelegt wurde, ist inzwischen 22 Millionen Hektar groß. Das entspricht in etwa der Fläche von Großbritannien. Die Wiederaufforstung hat viele Vorteile: Es gibt weniger Sandstürme und es regnet mehr, sodass heute in der Region viele verschiedene Nutzpflanzen, wie zum Beispiel Äpfel, Walnüsse, Esskastanien, Baumwolle und Hirse angebaut werden können.

Seit Langem weiß man, dass in Mooren sehr viel Kohlenstoffdioxid und Methan gespeichert sind. Für die Bauern hatten Moore wenig Nutzen; Moorböden sind nicht fruchtbar, man kann darauf nichts anbauen. Deshalb hat man früher Entwässerungsgräben gebaut und darin das Wasser aus Mooren abgeleitet. So wurden viele Moore trockengelegt. Inzwischen hat man erkannt, wie wichtig die Moore für das Klima sind. Kann man das

Kohlenstoffdioxid wieder in die Moore zurückbringen? Ja, das versucht man! Technisch gesehen, ist die **Wiedervernässung oder Renaturierung von Mooren** die einfachste und ungefährlichste Art, Kohlenstoffdioxid aus der Luft zu holen und zu speichern. Um ein Moor wiederzuvernässen oder zu renaturieren, baut man Dämme. Das Wasser kann nicht mehr abfließen, es staut sich in den Entwässerungsgräben und sickert nach und nach ins Moor. So werden trockengelegte Moore wieder feucht. Doch auch hier gibt es einen Nachteil: Am Anfang, wenn man das Moor neu angelegt hat, strömt sehr viel Methan in die Atmosphäre, was dem Klima besonders schadet. Was tun? Wissenschaftler haben herausgefunden, dass ein renaturiertes Moor nach einer gewissen Zeit wieder sehr viel Kohlenstoffdioxid aus der Luft aufnimmt. Es lohnt sich also für das Klima, Moore wiederzuvernässen. Viele Landwirte sind dagegen, Moore zu renaturieren. Verständlich, denn dadurch geht ihnen Weideland und Land für den Anbau verloren. In Deutschland gibt es aktuell elf große Moorlandschaften, die renaturiert werden, darunter die Allgäuer Moorallianz, ein großes Moorgebiet in Süddeutschland und das Naturschutzgebiet Peenetal in Vorpommern im Norden Deutschlands.

Moorlandschaft im Peenetal

Wie kann man mithilfe von Pflanzen noch mehr Kohlenstoffdioxid aus der Atmosphäre entfernen? Ideal wären Pflanzen, die mehr Kohlenstoffdioxid aufnehmen könnten als „normale" Bäume. Künstliche Bäume, die man entlang von Autobahnen oder sogar im Meer aufstellen kann, sind eine Lösung, an denen Ingenieure aus Großbritannien und den USA arbeiten. Diese künstlichen Bäume sollen Kohlenstoffdioxid aus der Luft filtern und speichern. Das Verfahren nennt man **Air Capture** oder **Direct Air Capture**. Die Forscher errechneten, dass ein einzelner dieser künstlichen Bäume zehn Tonnen Kohlenstoffdioxid pro Tag aus der Luft entnehmen und speichern kann. Ein natürlicher Baum braucht dafür fast ein ganzes Jahr! Sind künstliche Bäume die Lösung? Nicht ganz, denn die Technologie ist teuer: Man geht davon aus, dass es rund 100 Euro kostet, um eine Tonne Kohlenstoffdioxid mit einem künstlichen Baum aus der Luft zu fischen und zu speichern. Aktuell ist diese Technologie noch nicht im Einsatz, vor allem, weil sie sehr teuer ist.

Wie ein Baum sieht das aber nicht aus!

Diese Anlage zieht Kohlenstoffdioxid direkt aus der Atmosphäre.

Das Land erhalten, fruchtbarer machen und noch dazu Kohlenstoffdioxid zu speichern wäre ideal. Und wirklich – diese Möglichkeit gibt es, und zwar schon sehr lange. Die Ureinwohner im Amazonasgebiet haben es vor vielen Jahrhunderten bereits gemacht und die fruchtbare **„Terra preta"** hergestellt. Terra preta ist Pflanzenkohle. Was ist Pflanzenkohle und wie macht man sie? Pflanzenkohle erhält man, wenn man Holz, Zweige, Erntereste und andere organische Stoffe bei hohen Temperaturen verkohlt. Pflanzenkohle speichert dabei nicht nur Kohlenstoffdioxid, sondern auch andere Klimagase wie Methan und Lachgas. Ein weiterer Vorteil dieser Methode: Pflanzenkohle herzustellen ist nicht schwierig. Man braucht dazu keine großen technischen Anlagen; es ist daher auch sehr preiswert. Das Verfahren wird bislang in Deutschland in mehreren kleinen Projekten angewendet, zum Beispiel im Botanischen Garten in Berlin. Darüber hinaus gibt es Projekte in Ghana, Australien, Japan, China, Südkorea und Nepal. Seit 2020 ist Pflanzenkohle in der Europäischen Union im ökologischen Landbau als Düngemittel zugelassen.

Terra preta in der Mischung ...

... und einzeln

Mehr Sonnenstrahlen und Energie reflektieren

Weil die Gletscher schmelzen, werden weniger Sonnenstrahlen reflektiert. Die Erde heizt sich auf. Wenn man etwas dagegen tun will, dass es immer wärmer wird, geht es auch darum, dass mehr Sonnenstrahlen zurückgestrahlt oder reflektiert werden. Die Technologien, die darauf abzielen, mehr Sonnenstrahlen zu reflektieren, nennt man **Solar Radiation Management (SRM)**.

Bei dieser Methode geht es darum, mehr helle Flächen zu schaffen. Eine Möglichkeit sind weiße oder helle Dächer auf Gebäuden. Forscher haben errechnet, dass durch die helle Farbe die Temperatur bei den Dächern tatsächlich sinkt, und zwar um mehr als ein Grad. Der Nachteil dabei: Auch im Winter sind helle Dächer kühler. Das bedeutet, dass man dann wieder mehr heizen und mehr

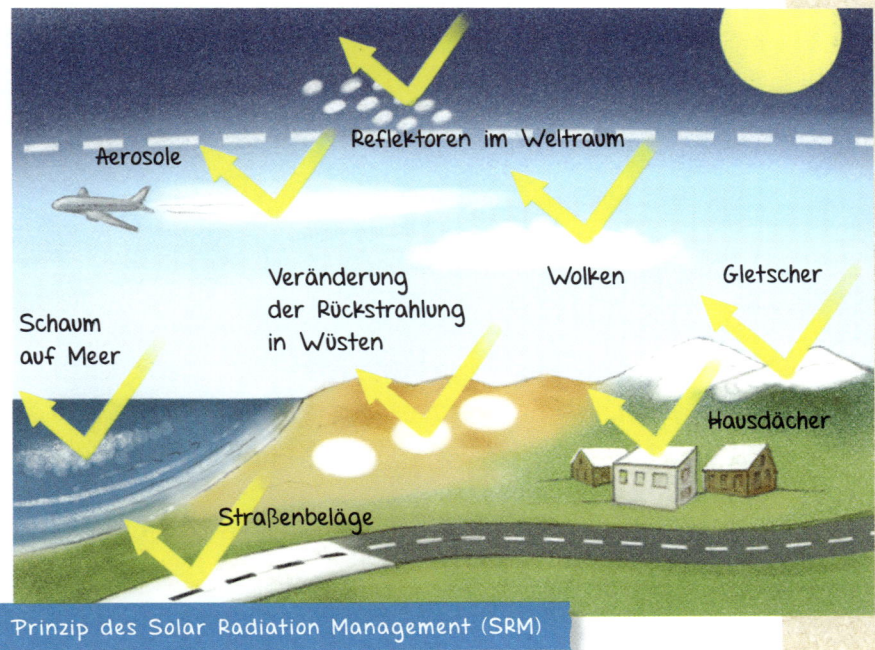

Prinzip des Solar Radiation Management (SRM)

Energie verbrauchen müsste. Weiß sind auch viele Wolken. Wolken können Sonnenlicht reflektieren. Bis vor einigen Jahren hofften die Wissenschaftler, dass künstliche Wolken die Erderwärmung aufhalten können. Inzwischen weiß man, dass Wolken ganz unterschiedlich auf das Kohlenstoffdioxid in der Atmosphäre reagieren. Es ist nicht sicher, ob und wie Wolken die Erde abkühlen.

Geo- und Climate-Engineering – mehr Gefahr als Nutzen?

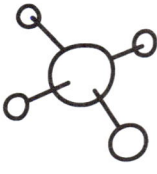

Kann moderne Technik den Klimawandel aufhalten oder sogar rückgängig machen? Klimaforscher führen immer wieder Experimente durch. Es wird deutlich, dass die Gefahren groß sind, vor allem bei den Technologien, die sich mit den Sonnenstrahlen befassen. Wie der Klimawandel wirken sie sich nicht nur auf einzelne Länder, sondern auf große Regionen aus. Wer übernimmt die Verantwortung, wenn eine Technologie nicht funktioniert? Wie kann man Klimaschäden reparieren? Auf solche Fragen gibt es noch keine Antworten. Damit ist klar, dass Climate-Engineering die Probleme, die der Klimawandel verursacht, aktuell nicht lösen kann. Das Klima verändert sich laufend, es kommen immer neue Daten dazu ... Weltweit wird viel zum Klima geforscht. Es ist also möglich, dass Climate-Engineering in der Zukunft einige Folgen des Klimawandels abmildern kann. Doch die negativen Folgen des Klimawandels sind immer mehr spürbar. Deshalb müssen wir unsere Lebensweise bereits jetzt so umstellen, dass wir den Klimawandel auf diese Weise langfristig abmildern.

Klimawandel – Gefahr und vielleicht auch eine Chance?

In der Sahara wird es grün, Eisflächen tauen auf und hier bei uns kann man Nektarinen und Mangos vom Baum pflücken? Das klingt total abgefahren, aber dies sind positive Nebeneffekte des Klimawandels.

Mehr Forschung und Entwicklung neuer Technologien – ein Vorteil für die Industrie

Weltweit wird zum Klimawandel geforscht, an Universitäten und in großen Unternehmen. Wissenschaftler entwickeln immer neue Ideen für den Klimaschutz.

Als einziges Land konnte Deutschland – neben Russland – seine Treibhausgase in den letzten 30 Jahren senken. Dass das möglich war, liegt an den zahlreichen modernen Technologien, die das Klima schützen.

Viele von diesen Technologien werden in Deutschland und Europa entwickelt. Der Klimawandel ist überall auf der Welt, deshalb sind Technologien, die das Klima schützen, auf der ganzen Welt gefragt.

> Die Forscher denken sich alle möglichen neuen Technologien aus, aber was können wir alle tun, um das Klima zu schützen?

Vorreiter in der Wasserstoff-Technologie

Die Politik fördert viele Projekte, die ohne klimaschädliche Gase Energie erzeugen, zum Beispiel die Wasserstoff-Technologie. Der Vorteil: Mit Wasserstoff kann man Energie leicht speichern und transportieren.

Wasser besteht aus Sauerstoff und Wasserstoff. Weil es sehr viel Wasser gibt, gibt es auch jede Menge Wasserstoff. Wie aber macht man aus Wasser Wasserstoff? Ganz einfach – man trennt den Sauerstoff ab! Dieser Vorgang ist leider nicht so einfach und benötigt viel Energie. Damit Wasserstoff wirklich umweltfreundlich ist, muss die elektrische Energie, die dafür eingesetzt wird, durch erneuerbare Energien, also Windkraft, Sonnenenergie oder Wasserkraft, erzeugt werden. Wenn das gelingt, hat man grünen Wasserstoff.

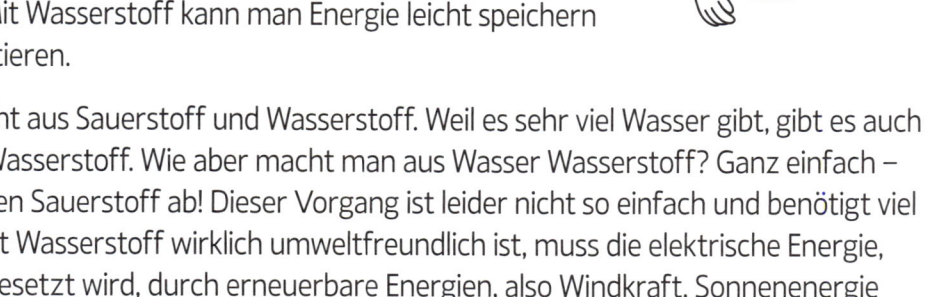

Grün daran ist nicht die Farbe des Wasserstoffs. „Grün" hebt hervor, dass der Wasserstoff auf eine Weise erzeugt wird, bei der kein klimaschädliches CO_2 frei wird. Besonders wichtig ist der Bundesregierung die regionale Wasserstoff-Produktion mit Strom aus erneuerbaren Energien. Das Ziel der Bundesregierung ist es, dass Deutschland führend in dieser Technologie wird.

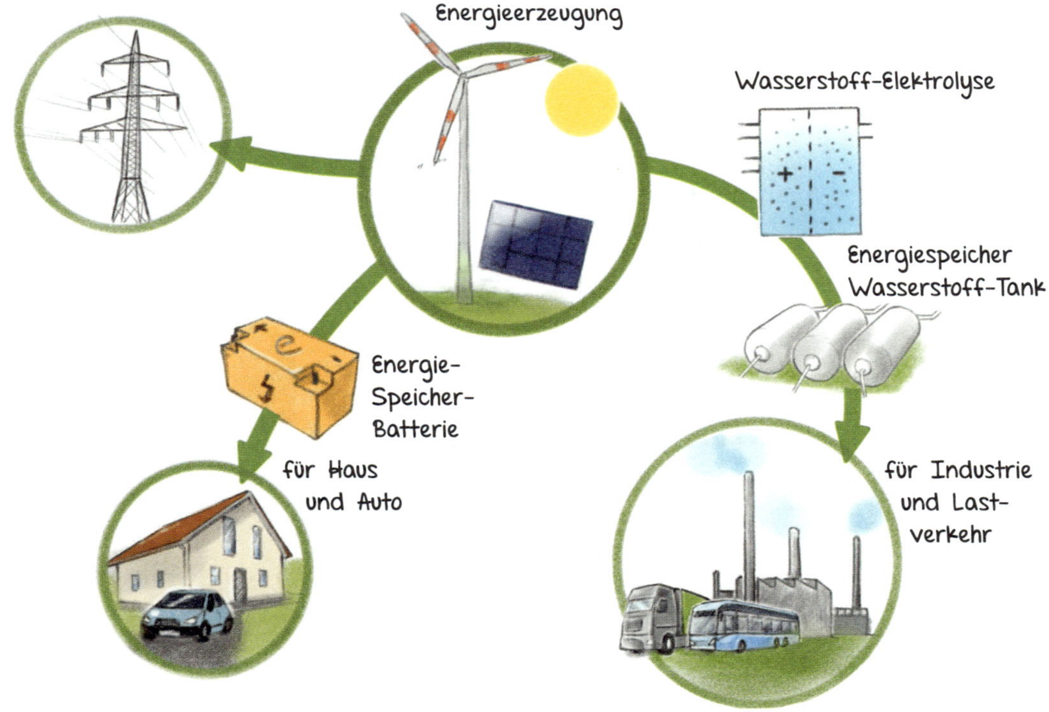

Abführen ins Stromnetz

regenerative Energieerzeugung

Wasserstoff-Elektrolyse

Energiespeicher Wasserstoff-Tank

Energie-Speicher-Batterie

für Haus und Auto

für Industrie und Lastverkehr

Vereinfachte Darstellung der Erzeugung von grünem Wasserstoff

Doch auch andere Technologien rund um den Umwelt- und Klimaschutz sind wichtig: Bei der Windenergie und Solarenergie, die bereits seit einigen Jahren umweltfreundlich Strom liefern, forscht man weiter. Hier geht es darum, dass die Technologien billiger hergestellt werden können und trotzdem mehr Energie erzeugen.

Millionen neue Arbeitsplätze

Die Bundesregierung erwartet, dass durch die Wasserstoff-Technologie in Europa bis zum Jahr 2050 5,4 Millionen Arbeitsplätze entstehen. Zum Vergleich: Im Jahr 2018 arbeiteten rund 3,7 Millionen Menschen in Europa in der Automobilindustrie.

Bei der Solarenergie wird die Sonnenenergie mithilfe entsprechender Techniken in Wärme- oder elektrische Energie umgewandelt.

Eine große Rolle spielen dabei kleine Unternehmen mit neuen Ideen. Man nennt sie Start-ups. Diese entwickeln Technologien und Produkte für ein besseres Klima. Egal, ob kompostierbare Windeln, Mikro-Windradanlagen oder Folien, mit denen man Solarenergie erzeugen kann – viele dieser Produkte können dazu beitragen, dass weniger Energie verbraucht und umweltfreundlich Energie erzeugt wird.

Warme Zeiten, gute Zeiten?

Das ist die Frage! Forscher haben herausgefunden, dass die Biodiversität, also die Vielfalt der Arten, in Warmzeiten, also wenn keine Eiszeit herrscht, besonders groß ist. Es gilt: Je wärmer ein Lebensraum ist, umso größer ist dort die Artenvielfalt. Das kann man im Amazonas-Urwald beobachten, einer der wärmsten und artenreichsten Regionen der Erde.

Was bedeutet das für den Klimawandel, den wir heute erleben? Viele Regionen, die bis vor Kurzem von Eis bedeckt waren, tauen auf. Pflanzen besiedeln diese Regionen. Die Zonen, wo Pflanzen wachsen und klimaschädliches Kohlenstoffdioxid aufnehmen, werden größer.

Inzwischen gibt es sogar im hohen Norden Aufforstungsprojekte: Nachdem die Wikinger fast alle Bäume auf Island abgeholzt hatten, um Baustoff für ihre Häuser und Schiffe zu gewinnen, ist diese Insel seit vielen Jahrhunderten eine Wüste. Um die Siedlungen vor Sandstürmen zu schützen und den Klimawandel zu bekämpfen, versucht man, die Insel wiederaufzuforsten. Auch hier kommen die

Der typisch vulkanische Boden erschwert die Bepflanzung Islands.

höheren Temperaturen dem Wald zugute: Die Erwärmung sorgt dafür, dass die Pflanzen besser wachsen. Seit 2015 wurden mehr als drei Millionen Bäume gepflanzt. Auf der ganzen Insel gibt es Baumschulen, damit neue Wälder angelegt werden können.

Mehr Pflanzen, mehr Wachstum – das gilt auch für die Gebirge: Wo früher Eis und Schnee lagen, siedeln sich zuerst Flechten und Moose an, nach und nach wachsen dort immer mehr und immer größere Pflanzen!

Aus Tundra wird Wald

Das Uralgebirge in Russland war in weiten Teilen früher Tundra, also eine offene Landschaft, in der keine Bäume wuchsen. Seit knapp 100 Jahren ist das Klima für Bäume dort sehr viel günstiger. Inzwischen wachsen dort Lärchen, eine Nadelbaumart, die auch in den Alpen vorkommt.

Sibiriens Tundra mit einzelnen Lärchen

Die Sahara wird grün – vielleicht

Nicht nur kalte Regionen können vom Klimawandel profitieren. Auch Regionen, die aktuell sehr trocken sind, können ergrünen. Das passiert gerade im Süden der Sahara, dort, wo sie an die Sahelzone grenzt. Wenn es hier durch die Klimaerwärmung mehr regnet, wachsen die Pflanzen besser, weil es in der Atmosphäre mehr Kohlenstoffdioxid gibt. Leider können die Wissenschaftler noch nicht genau vorhersagen, ob und wie viel mehr es dort regnen wird.

green

kaum vorstellbar: Die Wüste wird an manchen Stellen grüner.

Vorteile für die Landwirtschaft

Isst du gerne Äpfel? Der Apfel ist das Lieblingsobst in Deutschland, etwa 30 Kilogramm Äpfel isst jeder von uns pro Jahr. Und nicht nur das: Besonders beliebt sind Äpfel aus Deutschland, am liebsten in Bio-Qualität. Äpfel sind – anders als viele andere Früchte – nicht besonders wählerisch. Sie wachsen fast überall. Kein Wunder also, dass es weltweit 30.000 Apfelsorten gibt. In Deutschland sind es 2000 bis 3000 Sorten. Wir haben zwei große Obstanbaugebiete, eines am Bodensee im Süden Deutschlands, und das Alte Land im Norden an der Elbe in der Nähe von Hamburg.

Das Alte Land

Im Alten Land wachsen mehr als zehn Millionen Obstbäume – vor allem **Äpfel**, dazu **Birnen**, **Kirschen** und **Zwetschgen**. Mit 10.000 Hektar ist es das größte zusammenhängende Obstanbaugebiet Deutschlands und – nach Südtirol in Norditalien – das zweitgrößte in Europa. Nicht nur im Frühling, auch zur Apfelernte im Herbst, ist das Alte Land ein beliebtes Ausflugs- und Ferienziel.

Apfelbaumplantage im Alten Land bei Hamburg

Der Klimawandel bringt im Alten Land einige Vorteile: Viele Apfelsorten wachsen nicht nur besser, die Äpfel schmecken auch besser. Inzwischen können dort auch Apfelsorten, die es warm mögen, angebaut werden, zum Beispiel der Braeburn. Dazu kommen Birnen, Kirschen, Pfirsiche, Nektarinen und einige Beerensorten, zum Beispiel Erdbeeren, Himbeeren und Johannisbeeren!

Ähnlich wie Pfirsiche und Nektarinen mögen es Weinreben warm. Bislang wurden vor allem **Weinreben** für Weißweine in Deutschland angebaut, denn sie kommen mit einem weniger warmen Klima gut klar. Rotwein dagegen braucht trockene, heiße Sommer und milde Winter mit viel Regen – ein Klima also, das bis zum Klimawandel rund ums Mittelmeer herrschte. Inzwischen wachsen auch bei uns rote Weinsorten gut. Und nicht nur bei uns in Deutschland – sogar noch weiter nördlich, auf Sylt, der nördlichsten deutschen Insel, in Dänemark und in Südschweden, auf Öland und auf Gotland, der größten Insel Schwedens, wird inzwischen Wein, vor allem Weißwein, aber auch Rotwein, angebaut!

Auch im Süden Europas setzt man auf neue **Obstsorten**: In Süditalien, Kalabrien, Apulien und auf Sizilien, bauen Landwirte statt Oliven und Zitrusfrüchten inzwischen Mangos, Avocados, Papayas und Litschis an – Obst, das eigentlich in tropischen Regionen heimisch ist.

Auch bei einzelnen **Gemüsesorten** erwartet man in unseren Breiten durch den Klimawandel Vorteile: Weil die Winter milder werden, kann Wintergemüse wie Porree, Rosenkohl oder Feldsalat länger angebaut und verkauft werden.

Neue Politik: Weltweit für mehr Klimaschutz zusammenarbeiten

Über das Internet sind die Menschen so eng miteinander verbunden wie noch nie zuvor in der Geschichte der Menschheit. Informationen verbreiten sich in Sekundenschnelle rund um die ganze Welt. Worauf es jetzt aber ankommt, ist, dass die Menschen überall auf der Welt bereit sind, zusammenzuarbeiten und weniger Treibhausgase zu produzieren. Wir brauchen neue und moderne Technologien, die helfen, die Ursachen und Folgen des Klimawandels zu bekämpfen.

Weniger und nachhaltiger konsumieren

Das kann jeder von uns tun, um das Klima zu schützen. Vielen ist es gar nicht bewusst: Fast jeder von uns lebt im Überfluss. Rund 10.000 Dinge besitzt ein Mensch in Europa im Durchschnitt. Wie kommt das? Wir lieben es zu shoppen, also immer wieder etwas Neues zu kaufen. Für viele gilt dabei: Je billiger Produkte sind, desto mehr kaufen sie. Dabei werden nicht nur Rohstoffe, sondern auch Energie verbraucht, Klimagase kommen in die Atmosphäre, die den Klimawandel beschleunigen. Was tun? Weniger und nachhaltiger konsumieren! Konkret heißt das: Weniger kaufen, gebrauchte Dinge kaufen, Dinge länger benutzen und mit anderen Menschen teilen.

Doch wir wissen, dass es klappt: Die Corona-Pandemie hat gezeigt, dass die Menschen auf der ganzen Welt sehr schnell reagieren und ihr Verhalten ändern, wenn sie müssen.

Während des Lockdowns waren in vielen Ländern die Geschäfte und Restaurants geschlossen. Alle mussten zu Hause bleiben, in einigen Ländern sogar wochenlang. Die allermeisten von uns haben sich an die neuen Regeln gehalten. Damit haben wir weltweit bewiesen, dass wir bereit sind, uns stark einzuschränken und auf vieles zu verzichten, wenn es darum geht, uns selbst und andere Menschen vor einer großen Gefahr zu s chützen.

Ähnlich ist es auch beim Klimawandel: Um die schlimmen Folgen für die Menschen zu begrenzen, müssen wir uns anpassen und die Weichen für die Zukunft stellen.

Die Erde – der Lebensraum für knapp acht Milliarden Menschen

Auch trotz des Klimawandels wird die Erde weiter bestehen, die Natur wird sich verändern. Das Problem ist der Mensch: Aktuell leben fast acht Milliarden Menschen auf der Erde – mehr als jemals zuvor! Unsere Aufgabe ist es, die Erde in Zeiten des Klimawandels als Lebensraum für die Menschen zu bewahren und zu gestalten.

Klimagerechte Politik für Frieden und Wohlstand auf der Welt

Wie wollen wir in Zukunft leben? Viele Menschen, die sich im Klima- und Naturschutz engagieren, sind mit der Klimapolitik unzufrieden und protestieren. Proteste sind gut, Politik ist besser: Einige Fridays-for-Future-Aktive, die bisher von den Politikern wirkungsvolle Maßnahmen gegen den Klimawandel gefordert hatten, wollen nicht länger auf Entscheidungen in den Parlamenten und Regierungen hoffen. Sie wollen politische Verantwortung übernehmen und selbst mitentscheiden. Deshalb sie stellen sich zur Wahl, zum Beispiel in Städten und Gemeinden, für Landesparlamente oder für den Bundestag.

Wir sitzen alle in einem Boot

Die reichen Industrieländer im Norden verbrauchen sehr viel mehr Energie und setzen viel mehr Treibhausgase frei als weniger industrialisierte Länder im Süden. Dennoch leiden die Menschen im Süden sehr viel mehr unter den Folgen. Dürre, Überschwemmungen, Hunger, Kriege, Krankheiten ... Viele südliche Länder haben schon jetzt nicht genügend Mittel, um ihre Einwohner vor den Klimafolgen zu schützen. Dabei ist ein Ende der Erderwärmung nicht absehbar ...

Die reichen Nationen verursachen den Klimawandel, die armen Nationen leiden besonders darunter – diese Situation empfinden viele Menschen als ungerecht. Was tun? Die Lösung heißt Klimagerechtigkeit: Das Ziel ist, dass die Belastungen des Klimawandels weltweit gerecht aufgeteilt werden. Es geht darum, dass die Menschenrechte, die in den Urkunden der Vereinten Nationen verankert sind, eingehalten werden. Konkret heißt es, dass die Menschen in Regionen, die vom Klimawandel besonders betroffen sind, ihre Häuser und Wohnungen nicht aufgeben müssen, sondern weiterhin dort leben können. Sie brauchen – wie wir auch – sauberes Wasser, ausreichend und gesunde Nahrungsmittel, umweltfreundlich und nachhaltig erzeugte Energie, medizinische Versorgung, Bildung und Kultur, Arbeitsplätze ... Kurz: Sie sollen nicht nur überleben, sondern – wie wir seit Jahrzehnten – die Möglichkeit haben, im Wohlstand zu leben. Wohlstand für alle ist aber nur möglich, wenn wir die Erde und ihre Natur schützen und bereit sind, den Reichtum, den uns die Erde bietet, mit den Menschen auf der ganzen Welt friedlich zu teilen.

Glossar

Hier werden dir wichtige Begriffe des Buches erklärt.

absorbieren: aufnehmen

Aerosole: ein Gas, zum Beispiel Luft, in dem winzige flüssige oder feste Teilchen schweben

Asteroid: Kleinplanet

Atmosphäre: Lufthülle der Erde

Atom: ein winzig kleines Teilchen; alles auf der Welt besteht aus Atomen.

Biogas: brennbares Gas, das durch die Vergärung von Biomasse, wie Klärschlamm, Bioabfall, Speisereste, entsteht.

Elektrolyse: Chemisches Verfahren, bei dem Wasser (H_2O) in Wasserstoff (H_2) und Sauerstoff (O_2) mithilfe von elektrischem Strom getrennt wird

ESA: Abkürzung von European Space Agency, die europäische Weltraumorganisation

fluorierte Treibhausgase: auch F-Gase genannt. Dies ist ein Oberbegriff für Treibhausgase, die das Element Fluor enthalten, zum Beispiel teilfluorierte Kohlenwasserstoffe (HFKW), perfluorierte Kohlenwasserstoff (FKW), Schwefelhexafluorid (SF_6) und Stickstofftrifluorid (NF_3).

fossil: urzeitlich

Fotosynthese: Bei der Fotosynthese verwandeln Pflanzen mithilfe von Sonnenlicht Wasser (H_2O) und Kohlenstoffdioxid (CO_2) in Zucker und Sauerstoff (O_2).

Helium: ist ein chemisches Element und wird He abgekürzt. Es ist ein farbloses Gas.

Kohlenstoffdioxid: chemische Summenformel CO_2; wird auch häufig Kohlendioxid genannt. Das Gas ist ein natürlicher Bestandteil der Luft und ein Treibhausgas.

Kurzwellige Strahlungen: Strahlen mit einer kleinen Wellenlänge, zum Beispiel ultraviolettes Licht, sichtbares Licht

Lachgas: chemisch auch Distickstoffmonoxid (N_2O); ein farbloses Gas. Lachgase zählen auch zu den Treibhausgasen.

Langwellige Strahlungen: Strahlen mit einer größeren Wellenlänge, zum Beispiel Wärmestrahlung

Luftdruck: Das ist das Gewicht der Luft auf die Erdoberfläche, diesen kannst du mit dem Barometer ablesen.

Luftfeuchtigkeit: ist Wasserdampf in der Luft, den man nicht sehen kann.

Methan: chemisch auch CH_4; es ist ein farb- und geruchloses, brennbares Gas. Methan zählt auch zu den Treibhausgasen.

NASA: Abkürzung von National Aeronautics and Space Administration, auf Deutsch: „Nationale Aeronautik- und Raumfahrtbehörde"

Ozon: Ozon ist ein Gas, das aus drei Sauerstoffatomen besteht (O_3). Es ist ein starkes Treibhausgas.

Ozonschicht: Die Ozonschicht ist ein Teil der Stratosphäre, in der viel Ozon vorkommt. Sie schützt die Erde vor der UV-Strahlung.

reflektieren: Strahlen zurückwerfen

regenerative Energieerzeugung: auch erneuerbare Energieerzeugung genannt. Das ist Energie aus Wasserkraft, Windenergie, Sonnenenergie, Biomasse und Erdwärme.

Renaturierung: eine von Menschen genutzte Bodenfläche wird wieder in ihren ursprünglichen Zustand gebracht.

Ressourcen: in diesem Zusammenhang sind „natürliche Ressourcen" gemeint. Das sind beispielsweise Öl, Erdgas und andere Bodenschätze.

Solarenergie: Hier wird die Energie der Sonnenstrahlung in Form von elektrischem Strom oder Wärme genutzt.

Stratosphäre: ist die zweite Schicht der Erdatmosphäre. Sie liegt in einer Höhe von circa zwölf Kilometern bis circa 50 Kilometern.

Troposphäre: ist die unterste Schicht der Erdatmosphäre. Sie reicht vom Erdboden bis circa zwölf Kilometer Höhe.

Wasserdampf: gasförmiges Wasser, das unsichtbar ist wie Luft.

Wasserstoff: chemisches Element mit dem Symbol H. Es ist Bestandteil von Wasser und kommt somit in allen Lebewesen vor.

Register

Register

Register

Bildnachweis

112 Seiten, ab 8 Jahren
ISBN 978-3-8174-2957-8

Denkt an die Umwelt!

Meere voller Plastik, brennende Wälder, aussterbende Tierarten – die Erde braucht unsere Hilfe! Doch warum ist es so weit gekommen und was kann jeder tun, damit sich was ändert? In diesem Sachbuch erfahren Kinder alles Wichtige rund um den Umweltschutz.

Grüner Eintragespaß

In diesem liebevoll gestalteten Freundebuch können selbst die Kleinsten ihr Bewusstsein für die Umwelt stärken und schärfen. Die kreative und kindgerechte Aufmachung sorgt für Abwechslung und viel Spaß beim Ausfüllen!

96 Seiten, ab 5 Jahren
ISBN 978-3-8174-2951-6

Ab nach draußen: Werde Naturdetektiv!

Spannendes Wissen rund um die heimische Tier- und Pflanzenwelt

96 Seiten
ISBN 978-3-8174-1898-5

96 Seiten
ISBN 978-3-8174-1900-5

96 Seiten
ISBN 978-3-8174-1905-0

96 Seiten
ISBN 978-3-8174-1902-9

96 Seiten
ISBN 978-3-8174-1899-2

96 Seiten
ISBN 978-3-8174-1901-2

96 Seiten
ISBN 978-3-8174-1904-3

96 Seiten
ISBN 978-3-8174-1903-6

circon